Pedelecs – Mensch, Technik, Straßenraum

Ulrich Klingler · Joachim Vogt
Hrsg.

Pedelecs – Mensch, Technik, Straßenraum

Verhalten und Erleben von Radfahrenden

Hrsg.
Ulrich Klingler
Egelsbach, Deutschland

Joachim Vogt
Arbeits Ingenieurpsychologie
Technische Univ Darmstadt
Darmstadt, Deutschland

ISBN 978-3-662-70958-0 ISBN 978-3-662-70959-7 (eBook)
https://doi.org/10.1007/978-3-662-70959-7

Die Deutsche Nationalbibliothek verzeichnet diese Publikation in der Deutschen Nationalbibliografie; detaillierte bibliografische Daten sind im Internet über https://portal.dnb.de abrufbar.

© Der/die Herausgeber bzw. der/die Autor(en), exklusiv lizenziert an Springer-Verlag GmbH, DE, ein Teil von Springer Nature 2025

Das Werk einschließlich aller seiner Teile ist urheberrechtlich geschützt. Jede Verwertung, die nicht ausdrücklich vom Urheberrechtsgesetz zugelassen ist, bedarf der vorherigen Zustimmung des Verlags. Das gilt insbesondere für Vervielfältigungen, Bearbeitungen, Übersetzungen, Mikroverfilmungen und die Einspeicherung und Verarbeitung in elektronischen Systemen.
Die Wiedergabe von allgemein beschreibenden Bezeichnungen, Marken, Unternehmensnamen etc. in diesem Werk bedeutet nicht, dass diese frei durch jede Person benutzt werden dürfen. Die Berechtigung zur Benutzung unterliegt, auch ohne gesonderten Hinweis hierzu, den Regeln des Markenrechts. Die Rechte des/der jeweiligen Zeicheninhaber*in sind zu beachten.
Der Verlag, die Autor*innen und die Herausgeber*innen gehen davon aus, dass die Angaben und Informationen in diesem Werk zum Zeitpunkt der Veröffentlichung vollständig und korrekt sind. Weder der Verlag noch die Autor*innen oder die Herausgeber*innen übernehmen, ausdrücklich oder implizit, Gewähr für den Inhalt des Werkes, etwaige Fehler oder Äußerungen. Der Verlag bleibt im Hinblick auf geografische Zuordnungen und Gebietsbezeichnungen in veröffentlichten Karten und Institutionsadressen neutral.

Planung/Lektorat: Alexander Horn
Springer ist ein Imprint der eingetragenen Gesellschaft Springer-Verlag GmbH, DE und ist ein Teil von Springer Nature.
Die Anschrift der Gesellschaft ist: Heidelberger Platz 3, 14197 Berlin, Germany

Wenn Sie dieses Produkt entsorgen, geben Sie das Papier bitte zum Recycling.

Vorwort

Über Fahrräder und Fahrradfahren ist schon viel geschrieben worden. Mit diesem Buch möchten wir Radfahrende und Menschen, die es werden wollen, informieren über die Geschichte des Fahrrades und seine technische Entwicklung über die Jahre bis hin zu den heutigen Pedelecs. Die physischen und psychologischen Benefits des Radfahrens werden dargestellt. Auch gibt es Kapitel zum Fahrradkauf. Dazu wurden die Erfahrungen aus mehreren Jahrzehnten Fahrradreparatur und Verkauf niedergeschrieben (Kap. 6 und 7).

Ursprünglich geschaffen, um schnell Strecken zurückzulegen, nutzt die heutige Mehrheit das Fahrrad zum Spaß, für die Fitness und zur Entschleunigung. Was das psychologisch mit uns Menschen macht, wird in diesem Buch an verschiedenen Stellen beleuchtet.

Zweiräder mit Elektromotoren und einer Unterstützung bis 25 km/h (Pedelecs) sind seit einigen Jahren stark nachgefragt. Wir wollen tiefer einsteigen in die Interaktion von Pedelecs, Menschen, Technik und Straßenräumen. Die Kapitel des Buches verbinden technische und psychologische Perspektiven, wo immer sich das anbietet.

Das Fahrrad ist nicht nur technikgetrieben auf dem Vormarsch. Auch Pandemie und Klimakrise haben deutlich zur Beliebtheit des Fahrrads beigetragen. Es kursieren viele (technische) Tests und Preis-Leistungs-Analysen. Was jedoch fehlt, ist eine Gesamtbetrachtung von Menschen, Technik und Straßenräumen. Diese Lücke soll unser Buch füllen. Es richtet sich explizit nicht nur an Radelnde, sondern auch an Herstellende von Rädern und Zubehör sowie Verantwortliche in der Radwegeplanung und *Maintenance*. Auf die verschiedenen Bedürfnisse von Radfahrenden, z. B. aufgrund körperlicher Einschränkungen, wird ebenfalls eingegangen. Ganz bestimmt ist dieses Buch eine gute Entscheidungshilfe bei der Anschaffung eines Pedelecs oder dem Zubehör dafür.

Zweirad Schneider Langen wurde 1909 gegründet. Die 114 Jahre Erfahrung dieses Geschäfts fließen durch den vorletzten Inhaber, Dipl.-Ing. Ulrich Klingler, ein.

Die Bilder wurden zum weit überwiegenden Teil von uns (Ulrich Klingler und Joachim Vogt) aufgenommen. Wichtig war dabei die Sonderausstellung „2 Räder – 200 Jahre – Freiherr von Drais und die Geschichte des Fahrrades" im TECHNOSEUM – Landesmuseum für Technik und Arbeit in Mannheim, bei der einige der historischen Modelle fotografiert werden konnten.

Zu guter Letzt haben wir Forschungsfahrten absolviert bzw. von Probandinnen und Probanden absolvieren lassen. Sie sind mit zahlreichen Fotos dokumentiert und stehen online im elektronischen Zusatzmaterial zu diesem Buch zur Verfügung. Abgesehen von der Dokumentation der Forschung hoffen wir, dass die Bilder viele von Ihnen motivieren loszuradeln.

Unsere Mitschreibenden und wir wünschen Ihnen viel Freude und nützliche Erkenntnisse bei der Lektüre.

Egelsbach und Darmstadt, im Januar 2025

Egelsbach, Deutschland	Ulrich Klingler
Darmstadt, Deutschland	Joachim Vogt

Ethische Standards

Alle an den Tests teilnehmenden Versuchspersonen (Vpn) stimmten der Teilnahme informiert und freiwillig zu. Sie wurden aufgeklärt, dass sie jederzeit ihre Teilnahme ohne Angabe von Gründen beenden können. Keine Teilnahme oder ein Abbruch der Teilnahme hatte keine Nachteile für sie. Wenn sie keinen Fahrradhelm besaßen, wurden sie mit einem ausgestattet. Sie verpflichteten sich, bei den Testfahrten den Helm zu tragen. Eine Gefährdungsanalyse wurde den Vpn vorgelegt, von ihnen gelesen und unterschrieben. Die Kontaktdaten des Versuchsleiters wurden weitergegeben, um die Einsicht in die eigenen Daten oder deren Löschung zu ermöglichen.

Inhaltsverzeichnis

1	**Wissenschaftlicher Anspruch und praktischer Nutzen dieses Buches**	1
	Joachim Vogt	
2	**Das Fahrrad und seine Geschichte**	5
	Ulrich Klingler	
3	**Let's get physical**	13
	Ulrich Klingler	
4	**Let's get psychophysical**	19
	Joachim Vogt	
5	**Das Fahrrad heute**	23
	Joachim Vogt	
6	**Welches Fahrrad ist richtig für mich?**	25
	Ulrich Klingler	
7	**Was sollte dieses Fahrrad kosten?**	29
	Ulrich Klingler	
8	**Leasingverträge über die Arbeitgebenden**	31
	Sam Auer	
9	**Radverkehr in der städtischen und ländlichen Entwicklung**	35
	Regina Linke und Hans-Joachim Linke	
	9.1 Entstehen von Mobilitätsbedürfnissen	37
	9.1.1 Wohnort – Leben und Arbeit	37
	9.1.2 Wohnort – Versorgungseinrichtungen	38
	9.2 Wohnort – Freizeit und Erholung	40
	9.3 Verkehrsmittel im Personennahverkehr	41
	9.3.1 Motorisierter Individualverkehr	42
	9.3.2 Nichtmotorisierter Individualverkehr	42
	9.4 Öffentlicher Personennahverkehr	44
	9.4.1 Schienenpersonennahverkehr	44
	9.4.2 Straßenpersonennahverkehr	45

	9.5	Einflussfaktoren auf die Verkehrsmittelwahl	46
	9.6	Das Fahrrad im Vergleich zu anderen Verkehrsmitteln	46
	9.7	Verkehrsmanagement und Verhaltensänderung von Menschen	49
	9.8	Beeinflussung der Verkehrsmittelwahl	49
		9.8.1 Information und Bildung	50
		9.8.2 Ge- und Verbote	50
		9.8.3 Anreize und Förderung	51
	9.9	Radverkehr im städtischen und ländlichen Raum	51
		9.9.1 Städtische Räume	51
		9.9.2 Ländliche Räume	55
	9.10	Ausbaustandards von Radwegen	57
	9.11	Ausblick	59

10 Straßenräume 61
Christin Cornel und Joachim Vogt
   10.1 Ober- sowie Unterführungen 62
   10.2 Schotter 63
   10.3 Straßenbahnschienen 64
   10.4 Glatte Untergründe 65
   10.5 Pflaster 66
   10.6 Kanten an Kreuzungen 67
   10.7 Aufteilung des Straßenraums 68
   10.8 Sustainable and Health-Oriented Transport Planning and Urban Planning 72

11 Das Pedelec 73
Christin Cornel

12 Die Testräder 75
Joachim Vogt, Ulrich Klingler, Otilia Pasnicu, Niklas Seeger und Fritz Stegemann
   12.1 Riese & Müller Charger 3 76
   12.2 Riese & Müller Avenue Damenrad 77
   12.3 Riese & Müller Cruiser 79
   12.4 eBM-Bike e-bike manufaktur/Continental 80
   12.5 Kalkhoff-Rad 83
   12.6 Cargopedelec Thildas Eisfahrrad 84
   12.7 Columbus Safari 86
   12.8 Mars 88

13 Die Testpersonen 89
Joachim Vogt und Otilia Pasnicu

14 Psychologie des Radfahrens 91
Christin Cornel

15 Drängeln, Hauen, Hupen, Schimpfen 95
Joachim Vogt

16	**Tragt Helme!**	99
	Joachim Vogt	
17	**Unfalldenkmäler**	103
	Joachim Vogt	
18	**Stürze während der Studie**	107
	Joachim Vogt	
19	**Korrektes Fahren, riskantes Fahren**	111
	Joachim Vogt	
20	**Trunkenheit am Lenker**	113
	Sam Auer	
21	**Radfahren, Gesundheit und Behinderung**	115
	Joachim Vogt	
	21.1 Gesundheitsförderung durch Radfahren	116
	21.2 Schweregrade von Verletzungen durch Stürze	116
	21.3 Soziale Teilhabe durch Radfahren	118
	21.4 Muskel-Skelett-Gelenkbeschwerden	119
22	**Fahrraddiebstahl und seine Prävention**	121
	Joachim Vogt, Sam Auer und Christin Cornel	
23	**Zubehör**	135
	Joachim Vogt und Ulrich Klingler	
	23.1 Flaschen	135
	23.2 Spiegel	136
	23.3 Kleidung	141
	23.4 Gepäcktaschen und Gurte	141
	23.5 Werkzeug	148
	23.6 Luftpumpen	151
	23.7 Navigation und Handy	151
24	**Bike & Bahn**	153
	Joachim Vogt	
25	**Allgemeine Streckentipps und ausgewählte Radtouren**	157
	Joachim Vogt	
26	**Das Wichtigste zum Schluss: Respekt, Verständnis, Coolness**	159
	Joachim Vogt	
Literatur		161

Autor*innenverzeichnis

Sam Auer, M.Sc. war studentischer Mitarbeiter in der Forschungsgruppe für Arbeits- und Ingenieurpsychologie an der Technischen Universität Darmstadt.[1]

Christin Cornel, M.Sc. war studentische Mitarbeiterin in der Forschungsgruppe für Arbeits- und Ingenieurpsychologie an der Technischen Universität Darmstadt[1] und hat den Masterstudiengang Psychologie an der Technischen Universität Dresden 2024 abgeschlossen.

Ulrich Klingler, Dipl.-Ing. studierte KFZ-Technik an der FH Rüsselsheim und Maschinenbau an der Technischen Hochschule (heute Universität) Darmstadt. Von 2002 bis Ende 2021 war er Inhaber des ältesten Fahrradgeschäfts in Langen, Zweirad Schneider. Er beriet, verkaufte, reparierte und begutachte als Sachverständiger für das Zweiradmechanikerhandwerk.[2]

Hannah Krahl, B.Sc. ist studentische Mitarbeiterin in der Forschungsgruppe für Arbeits- und Ingenieurpsychologie an der Technischen Universität Darmstadt.[1]

Prof. Dr.-Ing. Hans-Joachim Linke wurde 2002 auf die Professur für Landmanagement am Fachbereich Bau- und Umweltingenieurwissenschaften an der Technischen Universität Darmstadt berufen. Im Jahr 2016 übernahm er ergänzend die Leitung des Fachgebiets Raum- und Infrastrukturplanung. Seit 2012 leitet er den *Joint Degree*-Masterstudiengang „*Sustainable Urban Development*", der gemeinsam mit der Vietnamese-German University in Ho Chi Minh City (Vietnam) angeboten wird.[3]

---

[1] Team – FG Arbeits- und Ingenieurpsychologie – TU Darmstadt (tu-darmstadt.de).
[2] https://zweirad-langen.de/.
[3] Startseite LM – Fachgebiet Landmanagement – TU Darmstadt.

Dr.-Ing. Regina Linke studierte Wirtschaftswissenschaften (B.Sc.) an der Johannes Gutenberg-Universität Mainz sowie Verkehrswesen (M.Sc.) an der Technischen Universität Darmstadt. Derzeit forscht sie am Institut für Verkehrsplanung und Verkehrstechnik der Technischen Universität Darmstadt und leitet dort das seit 2017 laufende Forschungsprojekt „ELISA – Elektrifizierter, innovativer Schwerverkehr auf Autobahnen".[4]

Otilia Pasnicu, M.Sc. Psychologie, ist seit 2019 wissenschaftliche Mitarbeiterin in der Forschungsgruppe für Arbeits- und Ingenieurpsychologie. Zusammen mit dem Team des Instituts für Mechatronische Systeme der Technischen Universität Darmstadt untersucht sie im *Driveception*-Simulator die Wahrnehmung von Schaltvorgängen in unterschiedlichen Antriebsstrangkonfigurationen unter Berücksichtigung verschiedener Nutzendengruppen. Sie leitet außerdem zusammen mit Joachim Vogt die Forschungsarbeiten im Motorradsimulator, z. B. zu *Time to Contact*- und *Usability*-Fragestellungen.[1]

Niklas Seeger studiert Mechatronik an der Hochschule Darmstadt.

Fritz Stegemann studiert Kunststofftechnik an der Hochschule Darmstadt.

Prof. Dr. phil. Joachim Vogt, ist Leiter der Forschungsgruppe für Arbeits- und Ingenieurpsychologie FAI der Technischen Universität Darmstadt. Er forscht seit mehr als 20 Jahren über die Interaktionen von Menschen mit Technik. Ergonomie, Gesundheit, menschzentrierte Technikgestaltung, Psychophysiologie der Stressverarbeitung, Umgang mit kritischen Ereignissen sowie Belastung und Beanspruchung zählen zu seinen Lehr- und Forschungsthemen.[1]

---

[4] M.Sc. Regina Linke – Institut für Verkehrsplanung und Verkehrstechnik – TU Darmstadt.

Abkürzungen

A	Stirnfläche zur Berechnung des Luftwiderstandes
AV	Abhängige Variable
Cw	Luftwiderstandsbeiwert
eBM	e-bike manufaktur
e. V.	Eingetragener Verein
FL	Luftwiderstand
HF	Human Factors
ISG	Iliosakralgelenk
KV	Kontrollvariable
Lkw	Lastkraftwagen
n.d.	*no date*, keine Jahresangabe für diese Literatur
ÖPNV	Öffentlicher Personennahverkehr
Pkw	Personenkraftwagen
Psyphy	Psychophysik Wissenschaft von den Zusammenhängen physikalischer Reize und psychologischen Empfindungen. Weber beschrieb die Unterschiedsschwelle als den kleinsten merklichen Unterschied zwischen zwei Reizen, den eine Person gerade noch feststellen kann. Die Unterschiedsschwelle steht in einem festen Verhältnis zur Reizintensität, d. h., je stärker der Reiz, desto größer muss der Unterschied sein, um bemerkt zu werden. Fechner beschrieb den Zusammenhang zwischen Reiz- und Erlebnisintensität. Dieser hängt eng zusammen mit dem Logarithmus der Reizintensität (es wird noch multipliziert mit einer Konstanten und eine weitere Konstante wird addiert).
R&M	Riese & Müller
RAPEX	*Rapid Exchange of Information System*; beschreibt die Schweregrade der Verletzungen nach Unfällen
Rho, ρ	Luftwiderstand
RSI	*Repetitive Strain Injury*
SHOTUP	*Sustainable and Health-Oriented Transport Planning and Urban Planning*. Projekt zur nachhaltigen und gesundheitsorientierten Verkehrs- und Stadtplanung

UV	Unabhängige Variable
UX	*User Experience*
UY	*Usability*
Vp	Versuchsperson
VvV	Stiftung zur Vermeidung von Verkehrsopfern in Deutschland e. V.
v^2	Fahrgeschwindigkeit

Abbildungsverzeichnis

Abb. 1.1	Lateinisches Quadrat zur Kontrolle von Reihenfolgeeffekten. Beispiel: Fahrrad 1, 2, 3 als UV-Stufen; jedes Rad wird gleich oft zuerst, als zweites bzw. drittes gefahren.	2
Abb. 2.1	Teilnahmetafel an der Courthill Smithy Tour. (Foto von Ulrich Klingler)	6
Abb. 2.2	Typisches Tretkurbelfahrrad um 1869. (Foto von Ulrich Klingler mit freundlicher Genehmigung des TECHNOSEUM – Landesmuseum für Technik und Arbeit in Mannheim)	7
Abb. 2.3	Dursley-Pedersen 1902. (Foto von Ulrich Klingler mit freundlicher Genehmigung von Franz D. Klingler)	9
Abb. 2.4	Victoria-Jubiläums-Herrenfahrrad im Schaufenster von Zweirad Schneider. (Foto von Ulrich Klingler)	10
Abb. 3.1	Ulrich Klingler auf dem Messfahrrad in der Dorotheenstraße in Langen, Hessen	15
Abb. 3.2	Selbstversuch von Ulrich Klingler und seinem Praktikanten mit dem Moulton-Fahrrad	16
Abb. 3.3	Kilowatt (Ordinate kW) in Abhängigkeit von der Geschwindigkeit (Abszisse km/h) mit und ohne Zzipper. Selbstversuche von Ulrich Klingler und seinem Praktikanten	17
Abb. 3.4	Kilowatt (Ordinate kW) in Abhängigkeit von der Geschwindigkeit (Abszisse km/h) bei 3 bar Reifenluftdruck. Selbstversuche von Ulrich Klingler und seinem Praktikanten	18
Abb. 10.1	Gut verdichtete Schotterpiste Im Loh, Langen	63
Abb. 10.2	Rot markierte Radwege in Darmstadt und Langen. Rheinstraße Ecke Kasinostraße (in nördlicher Richtung links vor, rechts hinter der Kasinostraße); rechts außen Langen, Nördliche Ringstraße	65

Abb. 10.3	Pflastersteine in Darmstadt (Rheinstraße 75): enge Fahrbahn, vielfach geflickt und daher mit Unebenheiten	66
Abb. 10.4	Kopfsteinpflaster: grob (links), mittel (Mitte) und fein (rechts)	67
Abb. 10.5	Kante (links) und keine Kante (rechts) an einer Kreuzung in Darmstadt	68
Abb. 10.6	Zwei E-Roller von TIER, geparkt in Darmstadt vor dem Ampelübergang Martin-Luther-King-Ring, Ecke Frankfurter Straße	71
Abb. 10.7	Drei E-Roller von TIER geparkt vor dem Gebäude Alexanderstraße 10, Ecke Magdalenenstraße in Darmstadt	72
Abb. 12.1	Riese & Müller Charger 3	77
Abb. 12.2	Riese & Müller Damenrad Typ Avenue	78
Abb. 12.3	Riese & Müller Rad Typ Cruiser	79
Abb. 12.4	Pedelec von eBM (e-bike manufaktur) mit Elektronik und Motor von Continental	80
Abb. 12.5	*Chain Glider*	82
Abb. 12.6	Kalkhoff-Rad	84
Abb. 12.7	Cargo Pedelec, Foto von Olya Dikow mit freundlicher Genehmigung	86
Abb. 12.8	Columbus Safari	87
Abb. 12.9	Mars	88
Abb. 17.1	Weißes Fahrrad in 64331 Weiterstadt, Robert-Koch-Straße 1A. „Fahr vorbildlich und mit Licht www.stiftung-vvv.de", Stiftung zur Vermeidung von Verkehrsopfern in Deutschland e. V.	104
Abb. 17.2	Weißes Fahrrad in 63225 Langen, Darmstädter Straße. „Radfahrer 82 Jahre 14.08.2008"	104
Abb. 17.3	Weißes Fahrrad in 64283 Darmstadt, Bleich-Ecke-Casino-Straße. Hier wurde eine Radfahrerin im Alter von 30 Jahren am 15.03.2023 von einem Lkw übersehen und tödlich verletzt	104
Abb. 17.4	Unfalldenkmal in 61440 Oberursel. Hier steht ein Anhänger mit Teilen von einem Unfallmotorrad und einem verunglückten Rollstuhl	105
Abb. 18.1	Fahrradständer in Darmstadt	108
Abb. 18.2	Fahrradschnellweg Frankfurt-Darmstadt zwischen Langen und Egelsbach	108
Abb. 18.3	Chemnitzer Straße zwischen Chemnitz und Rabenstein	109
Abb. 18.4	Bundesstraße 6 zwischen Hildesheim und Steuerwald	110
Abb. 21.1	Maßanfertigung eines Pedelecs für eine 60-jährige, 148 cm große Frau	120

Abb. 22.1	Regengeschützte und registrierte Räder am Bahnhof Groß-Gerau.	122
Abb. 22.2	Fahrradständer in der Fahrradgarage am Hauptbahnhof Darmstadt, der zerlegt wurde, um das eBM-Rad zu stehlen, OHNE die Bordo-Schlösser knacken zu müssen.	123
Abb. 22.3	Satteldiebstahl am Bahnhof Groß-Gerau.	123
Abb. 22.4	Ketten-Zahlenschloss mit 5 Zahlrädern.	124
Abb. 22.5	ABUS Bordo Faltschloss.	125
Abb. 22.6	ABUS Bügelschloss.	125
Abb. 22.7	ABUS Bordo Plus Faltschloss für 149 €.	126
Abb. 22.8	ABUS Fahrradschloss GRANIT™ CityChain XPlus 1060/170 170 cm für 160,99 €.	127
Abb. 22.9	ABUS Fahrradschloss IVERA Steel-O-Flex™ 7200/85 schwarz 85,0 cm für 38,29 €.	128
Abb. 22.10	ABUS Fahrradschloss IVERA Chain 7210/110 schwarz 110,0 cm für 52,45 €.	129
Abb. 22.11	ABUS Fahrradschloss CH Lock 5407 schwarz 110,0 cm für 37,69 €.	130
Abb. 22.12	Charger 3 gesichert mit ABUS Bordo Plus Faltschloss und Langkabelschloss.	131
Abb. 22.13	Charger 3 mit ABUS Bordo, angeschlossen an einen klassischen Fahrradständer.	134
Abb. 23.1	Trinkflaschenhalterung am Charger 3.	136
Abb. 23.2	Spiegel mit schwachem Gelenk am Charger 3; eine OP-Maske wurde komplett eingebracht.	137
Abb. 23.3	Gebrochener Doppelgelenkspiegel am Charger 3.	138
Abb. 23.4	Doppelgelenkspiegel eines unbekannten Herstellenden, rechts oben mit Textilband umwickelt und in den linken Lenker des Charger 3 eingeführt.	139
Abb. 23.5	Doppelgelenkspiegel, eingeklappt, am eBM Conti Rad.	139
Abb. 23.6	Prophete Spiegel mit Stange zur Befestigung am Lenker (nicht Lenkerende wie bei allen anderen).	140
Abb. 23.7	Spiegel mit Stange zur Befestigung am Lenkerende.	140
Abb. 23.8	Runder Spiegel an Schwanenhals, für 1 € aus dem 1-Euro-Shop, JES Collection, J.E. S GmbH, Würzburg.	140
Abb. 23.9	Spanngurtbefestigung am Charger 3. In der Spange sind zwei Riemen mit Wülsten eingelassen. Rechts hat sich der Riemen gelöst.	142
Abb. 23.10	Spanngurt aus dem Baumarkt.	143
Abb. 23.11	Spanngurte mit Zungenverschluss von ROK, eigentlich für Motorräder.	144
Abb. 23.12	Die getesteten Seitentaschen von Greenlands (oben) und Haberland (unten).	145

Abb. 23.13	Rückseitig befinden sich Kunststoffhaken an den Haberlandtaschen, die auf einer Schiene so geschoben werden können, dass sie den Fahrradrahmen greifen. Insbesondere beim Aufbocken des Rades wird so ein Abrutschen der Seitentaschen verhindert	145
Abb. 23.14	Im Laufe der Studie eingetretene Beschädigungen an den Haberland-Taschen. Der innere Rahmen ist mit Nieten am Stoff der Taschen befestigt und bricht an diesen Stellen leicht	146
Abb. 23.15	Rucksack mit Schnellhalterungssystem (Ansicht von hinten)	146
Abb. 23.16	Ceviss-Seitentasche mit Schnellhalterungssystem (Ansicht von hinten). Sie hat ein Fassungsvermögen von 25 L	147
Abb. 23.17	Haberland-Seitentaschen mit Kette gesichert	147
Abb. 23.18	Kombitool von Westcott	148
Abb. 23.19	Tool eines unbekannten Herstellenden	149
Abb. 23.20	Bordwerkzeug. Unten: Tasche für das Bordwerkzeug	150
Abb. 23.21	Testsiegerpumpe von Fischer mit 2 Reifenmontierhebeln und Flickzeug im Griff	150
Abb. 23.22	Eine der getesteten Handyhalterungen	152
Abb. 24.1	Voll eingeschlagener Lenker des Charger 3 im Aufzug	154
Abb. 24.2	Schienen am Bahnhof in Langen, Hessen	155
Abb. 24.3	Fahrrad im Regionalzug mit Kabelschloss vor Diebstahl gesichert	155
Abb. 24.4	Fahrrad vor dem Umkippen gesichert mit einem einfachen, an den Zug befestigten Gurt mit Schnallenverschluss	156

Tabellenverzeichnis

Tab. 3.1	Geschwindigkeit und Zeit in Abhängigkeit vom Luftdruck in den Reifen	17
Tab. 6.1	Ermittlung der Rahmenhöhe des Rades anhand der Körpergröße des Menschen.	27
Tab. 6.2	Luftdruck in Abhängigkeit von der Reifenbreite	28
Tab. 9.1	Das Fahrrad im Vergleich zu anderen Verkehrsmitteln.	47
Tab. 10.1	Literaturrecherche zur Radwegeinfrastruktur.	69
Tab. 13.1	Demografische Daten der Testpersonen	89

Wissenschaftlicher Anspruch und praktischer Nutzen dieses Buches

Joachim Vogt

Dieses Kapitel beschreibt den Prozess unserer Erkenntnisgewinnung. Die Grundzüge des Forschungsprozesses werden beschrieben, soweit unsere Testfahrten mit Fahrrädern betroffen sind. Das Vorgehen bei der Recherche von Literatur anderer Wissensschaffenden ist in den jeweiligen Kapiteln dargestellt.

Wie schon unser Motorradbuch (Vogt 2022, S. 94 ff.) verfolgt auch dieses Buch über Fahrräder einen wissenschaftlichen Ansatz mit praktischem Nutzen. Testfahrten im Rhein-Main Gebiet, im Taunus, in Sachsen und im Sauerland erbrachten vielfältige Erkenntnisse. Dabei haben wir uns so gut es ging an dem Prinzip der isolierenden Variation mit Messwiederholung orientiert. Es wurden mehrere Pedelecs und zwei nicht elektrifizierte Fahrräder auf denselben Strecken und bei vergleichbarem Wetter gefahren. Getreu dem Prinzip der isolierenden Variation, wurden unabhängige und abhängige Variablen definiert, im Folgenden UV bzw. AV abgekürzt. UV waren:

- Pedelecs verschiedener Hersteller: Riese & Müller mit Bosch-Elektronik, e-bike manufaktur mit Continental-Elektronik; Kalkhoff mit Impulse-Elektronik und niedrigem Einstieg (eine vollständige Kombination dieser Faktoren war nicht möglich, z. B. gibt es kein Rad von Riese & Müller mit Impulse-Elektronik).
- Nicht elektrifiziertes Fahrrad.

Ergänzende Information Die elektronische Version dieses Kapitels enthält Zusatzmaterial, auf das über folgenden Link zugegriffen werden kann [https://doi.org/10.1007/978-3-662-70959-7_1].

J. Vogt (✉)
FAI, TU Darmstadt, Darmstadt, Deutschland
E-Mail: joachim.vogt@tu-darmstadt.de

© Der/die Autor(en), exklusiv lizenziert an Springer-Verlag GmbH, DE, ein Teil von Springer Nature 2025
U. Klingler, J. Vogt (Hrsg.), *Pedelecs – Mensch, Technik, Straßenraum*,
https://doi.org/10.1007/978-3-662-70959-7_1

- Damen- im Vergleich mit Herrenrädern (auch hier waren dem Forschungsansatz Grenzen gesetzt, da das Budget nur für eine begrenzte Zahl von Rädern ausreichte und so Herren- bzw. Damenräder nicht von allen Marken gekauft werden konnten).
- Diverse Zubehörteile wie Spiegel, Taschen, Flaschen, Schlösser wurden ebenfalls getestet.

Die oben in Klammern genannten Problematiken, also dass z. B. Riese & Müller überwiegend Bosch-Elektronik verwendet, werden als *Confounding* oder Störvariablen/Kontrollvariablen (SV/KV) bezeichnet. Diese SV, wenn sie nicht als KV kontrolliert werden, wirken ebenfalls auf die AV und man kann Veränderungen der AV dann nicht auf die UV allein zurückführen. Wenn, wie im Beispiel Riese & Müller mit Bosch, ein Rad sehr gut bewertet wird im Gesamturteil, dann kann man allein aufgrund dieses einen Urteils nicht darauf schließen, ob das Rad oder die Elektronik gemeint ist. Man muss die Testperson tiefer befragen, was genau sie zu einem sehr guten Urteil veranlasst hat. Noch besser wäre es, Elektronik und Räder vollständig miteinander zu kombinieren, was hohe Kosten und ggf. den Bau von nicht existenten Kombinationen erfordern würde. Weitere Kontrollmechanismen für Störvariablen sind z. B.:

- Eliminierung bzw. Konstanthalten (z. B. Wetter, indem nur Fahrten bei vergleichbaren Wetterbedingungen absolviert werden).
- Erhebung und statistische Kontrolle („Herausrechnen" des KV-Einflusses etwa in Partialkorrelationen, das ist die Korrelation von UV und AV unter Ausschluss der Zusammenhänge mit SVn).
- Randomisierung, d. h. zufällige Darbietung von UV-Stufen, Permutation (jede Stufe steht gleich oft an jeder Darbietungsposition), lateinische Quadrate (jede UV-Stufe kommt in jeder Spalte und in jeder Zeile genau einmal vor, s. Abb. 1.1). Auf diese Weise wirken z. B. Ermüdung und Erfahrung zufällig bzw. gleichmäßig auf die AV und Reihenfolgeeffekten wird vorgebeugt.

Mit o. g. Forschung bewegen wir uns im Feld der Technikpsychologie. Sie untersucht die Interaktionen von Menschen mit Technik, in unserem Falle die Interaktionen von Radfahrenden mit ihren Rädern. Potenzielle Fehler des Menschen werden identifiziert (sogenannte *Human Factors HF*) und Verbesserungen abgeleitet (Ingenieurpsychologie, z. B. durch ISO-Norm 9241-110 *Human Centred Design*). An der TU Darmstadt hat dieses Fachgebiet eine über 100-jährige Tradition. 1922 wurde das Institut für Psychotechnik gegründet und 1926 veröffentlichte sein Direk-

Testperson 1	F1	F2	F3
Testperson 2	F2	F3	F1
Testperson 3	F3	F1	F2

Abb. 1.1 Lateinisches Quadrat zur Kontrolle von Reihenfolgeeffekten. Beispiel: Fahrrad 1, 2, 3 als UV-Stufen; jedes Rad wird gleich oft zuerst, als zweites bzw. drittes gefahren

tor, Edgar Bramesfeld, die Hochschulschrift „Psychotechnik als Lehrfach an der technischen Hochschule". Dieses Jubiläum wurde 2023 gefeiert. Mit den Veröffentlichungen rund um das Jubiläum gehen wir insbesondere der Frage nach, wo der Mensch bleibt bei all den technischen Neuerungen (Vogt 2021; Vogt et al. 2023).

Ursprünglich als Psychotechnisches Institut im Fachbereich Maschinenbau angesiedelt, wurde das Lehr- und Forschungsgebiet 2009 als Ingenieurpsychologie auch in den Darmstädter Humanwissenschaften eingeführt und mit Joachim Vogt besetzt. Technikpsychologie vereint beide Sichtweisen: Fokus auf das, was schief geht (HF), wie auch auf die Gestaltung von Technik, mit der möglichst nichts mehr aus dem Ruder läuft (Ingenieurpsychologie). Der Begriff Psychotechnik ist heute mit Mess- und Interventionsverfahren belegt, etwa Fragebogenkonstruktion oder Interviewtechniken. Außerdem werden die allermeisten Psychologien durch ein vorausgehendes Substantiv/Adjektiv spezifiziert, z. B. Allgemeine Psychologie, Biologische Psychologie, Sozialpsychologie, Sportpsychologie, Persönlichkeitspsychologie. Daher ist Technikpsychologie der geeignete Begriff für unser Feld (Vogt et al. 2023).

Im Gegensatz zu den UVn, die hergestellt (z. B. Kauf bestimmter Räder) oder klassifiziert werden (z. B. Straßenräume), werden AVn gemessen. Im vorliegenden Fall sind dies z. B. Sicherheit, Benutzendenfreundlichkeit *Usability (UY)* bis hin zu *Magic Experiences* (höchste Stufe der *User Experience UX*). Sie sollten möglichst objektiv, zuverlässig (Reliabilität) und gültig (Validität) erhoben werden. Objektivität bedeutet, dass jeder bzw. jede andere Forschende mit den gleichen UV, AV und KV zu demselben Ergebnis kommt. Reliabilität quantifiziert das Ausmaß, in dem die Ergebnisse immer wieder repliziert werden können, auch bei nur einem bzw. einer Testenden. Das, was gemessen wurde, ist zuverlässig erhoben worden. Diese ersten beiden Qualitätsmerkmale von Forschung stellen allerdings nicht sicher, dass auch gemessen wurde, was gemessen werden sollte, daher betrachten wir die Validität als das mit Abstand wichtigste Qualitätsmerkmal. Sie stellt sicher, dass objektiv und mit großer Zuverlässigkeit (reliabel) auch valide erfasst wird, was intendiert war zu messen. Bei geringer Validität misst man irgendwas, das möglicherweise sehr genau, nur nicht, was man messen wollte.

Die in diesem Buch berichteten Erlebnisse sind oft quasiobjektiv, wenn sich die relativ wenigen Testfahrenden in einem Punkt einig waren. Es bleibt aber auch viel Raum für Subjektivität, Geschmackssache. Alle Testfahrenden wurden vor der ersten Fahrt eingewiesen in das Rad und in die Forschungsmethodik des *Experience Samplings*: Sie sollten möglichst die Perspektive des bzw. der distanziert Beobachtenden einnehmen. *Experience Sampling* ist eine Methode, um einerseits den situativen Kontext zu erfragen, aber auch, um Gedanken und Gefühle von Personen festzuhalten (Myin-Germeys et al. 2009). Das Besondere dabei ist, dass diese Dinge nicht einmalig, sondern mehrmals pro Tag und über mehrere Tage erfasst werden. Wann die Daten gemessen werden, ist dabei unterschiedlich, z. B. immer, wenn ein Signal ertönt (zu zufälligen Zeiten), zu festgelegten Zeiten oder wie in unserem Fall in vorher festgelegten Situationen (Myin-Germeys et al. 2009; Riediger 2009). Die Vorteile dieser Methode sind, dass man Daten aus authentischen Situationen über einen längeren Zeitraum erhebt und so auch Veränderungen erfasst, jedoch ist der Zeitaufwand der Methode enorm (Myin-Germeys et al. 2009). Auch die statistische Auswertung der

Daten gestaltet sich schwierig, da man Daten auf mehreren Ebenen (innerhalb einer Person und zwischen mehreren Personen erfasst), weswegen man mit komplexen statistischen Verfahren arbeiten muss, z. B. hierarchischen linearen Modellen o. Ä. (Fisher und To 2012). Wir bleiben im Wesentlichen deskriptiv, weil die Qualität unserer Daten und die geringe Zahl an Vpn dafürspricht. Außerdem glauben wir, dass unsere Leserschaft eher an deskriptiven Ergebnissen interessiert ist.

Reliabilität und Validität konfrontieren jede wissenschaftliche Arbeit mit einem Dilemma: Je kontrollierter eine Studie ist, am besten im Labor unter künstlichsten Bedingungen, umso zuverlässiger sind die Ergebnisse. Die Gefahr hierbei ist, dass man nach der Studie alles weiß über fast nichts, denn die Ergebnisse gelten streng genommen nur für das Labor, die Testpersonen und die UV bzw. AV. Daraus gewonnene Erkenntnisse sind in der wirklichen Welt nicht kurzfristig anwendbar. Wir haben bei den Testberichten in diesem Buch das umgekehrte Problem. Durch das *Confounding* und die mangelnde Objektivität wie auch Reliabilität ist die Wahrscheinlichkeit hoch, dass das entstandene Wissen nicht vollumfänglich repliziert werden kann, also dass bei Wiederholung unter gleichen Bedingungen nicht genau dieselben Ergebnisse erzielt werden. Alle Interessierten mögen daher unsere Tests wiederholen, um festzustellen, bei welchen Fragestellungen und in welchem Umfang eine Replikation gelingt und wann nicht. Wir freuen uns auf Nachrichten an ingbueroklingler@t-online.de und joachim.vogt@tu-darmstadt.de, sodass wir sie bei einer Neuauflage berücksichtigen können.

Dieses Kapitel stellte die Grundlagen psychologischer Forschung dar, die in diesem Buch genutzt werden, um das Verhalten und Erleben beim Radfahren zu untersuchen. Im Folgenden wird auf die Geschichte des Zweirads eingegangen, denn seine Entwicklung ist verbunden mit der heutigen Psychologie des Radfahrens.

Das Fahrrad und seine Geschichte

2

Ulrich Klingler

In diesem Kapitel wird die Geschichte und die Entwicklung der Fahrräder beschrieben. Wichtige Quellen sind die über 50jährige Erfahrung und seitdem das recherchierendes des Autors. Zum anderen die Sonderausstellung „2 Räder – 200 Jahre – Freiherr von Drais und die Geschichte des Fahrrades" im TECHNOSEUM – Landesmuseum für Technik und Arbeit in Mannheim, und das Buch von Herresthal (2011). Mit freundlicher Genehmigung des TECHNOSEUM zeigen wir Fotos von historischen Fahrrädern in diesem Kapitel und weitere finden sich unter der gleichlautenden Überschrift „Das Fahrrad und seine Geschichte" im elektronischen Zusatzmaterial zu diesem Buch.

Am Donnerstag, den 12. Juni 1817, fuhr Karl Drais von seiner Wohnung in Mannheim die Straße Richtung Schwetzingen bis zum Relaishaus auf halben Weg und kehrte wieder nach Mannheim zurück.

Das war die erste Fahrt mit einem von ihm konstruierten Laufrad (Holzkonstruktion mit eisenbereiften Rädern). Die 14,4 km lange Strecke legte er mit der ca. 21 kg leichten Maschine in knapp einer Stunde zurück. Das ist ein Stundenmittel von ca. 15 km/h. Beachtlich auf diesen Straßen von 1817.

Heute kann man das auf einem mit Kugellager und guten Luftreifen ausgestatteten normalen Rad auf einem asphaltierten Weg auch schaffen.

Sehr langsam ist man auf solchen Laufmaschinen nicht. Der Autor hat das selbst schon ausprobiert.

Ende August 1817 fuhr Drais ohne jede größere Anstrengung von Karlsruhe nach Kehl (52 km) in 4 h und somit schneller als die Dienstpostkutsche für die gleiche Strecke. Dieses Ereignis war gleichzeitig eine Wette, die Drais gewann.

Karl Drais bot auch 3- und 4-rädrige Laufmaschinen an. Fürs Reisen waren diese jedoch nicht so geeignet. Drais erkannte bereits den nachteiligen höheren Rollwiderstand (Abb. 3.3 und Abb. 3.4) und die größere Breite bei diesen Maschinen.

U. Klingler (✉)
Egelsbach, Deutschland

Bei einer Weiterentwicklung ist die Höhe des Sitzes mit Balancierbrett und Lenker einstellbar. Weiterhin sind nun eine Klotzbremse und ein Gepäckträger vorhanden.

Außerdem wurde der Nachlauf vergrößert, was besseren Geradeauslauf ermöglicht.

Nachlauf ist die Strecke zwischen dem senkrecht nach unten projizierten Mittelpunkt des Vorderrades und dem Punkt der Verlängerung der Lenkachse auf den Boden.

Wie viele Laufräder vertrieben wurden, ist nicht bekannt.

Bei der Badischen Post wurden die Draisinen verboten, weil der Schuhsohlenverschleiß zu groß sei!

1835 gab es die erste Eisenbahnlinie, die auch Konkurrenz für das Fahrradfahren war. Laufmaschinen als Verkehrsmittel einzusetzen wurde schwieriger.

Mit Karl Drais ging es wirtschaftlich bergab. Die Begeisterung für die Laufräder nahm ab.

1839/40 soll der schottische Schmied Kirkpatrick Macmillan aus Courthill bei Dumfries über Stangen das Hinterrad seines hölzernen Fahrrades angetrieben haben.

An der Wand der Schmiede ist eine Gedenktafel aufgehängt.

Der Autor nahm an der 150-Jahr-Feier 1990 teil (Abb. 2.1). Es gab drei Nachbauten dieses Macmillan-Rades, die auch bei der Zweitagesfahrt von Glasgow nach Courthill mitfuhren (zugelassen waren nur Räder, die Holzlaufräder besaßen).

Man erkannte damals schon die Wirtschaftlichkeit des Zweirades, das in der Unterhaltung sehr günstig im Verhältnis zum Pferd war, und es war nicht so anstrengend wie Zufußgehen. Der Fußgänger hebt sein Gewicht bei jedem Schritt, das verbraucht Energie. Beim Radfahren nimmt der Sattel und damit das Gestell das Gewicht der Fahrenden auf. Die Kraft geht in die Drehbewegung der Pedale und damit in den Antrieb.

Der nächste entscheidende Fortschritt war es, die Tretkurbel an das Vorderrad zu montieren. Das gelang den beiden Franzosen Lallement und Michaux 1866. 1867 wurden diese Tretkurbelräder (Abb. 2.2) bei der Pariser Weltausstellung vorgestellt.

Abb. 2.1 Teilnahmetafel an der Courthill Smithy Tour. (Foto von Ulrich Klingler)

Abb. 2.2 Typisches Tretkurbelfahrrad um 1869. (Foto von Ulrich Klingler mit freundlicher Genehmigung des TECHNOSEUM – Landesmuseum für Technik und Arbeit in Mannheim)

Es soll eigentlich Lallement gewesen sein, der beim Stellmacher Michaux angestellt war und der den Tretkurbelantrieb ans Vorderrad eines Laufrades anbrachte.

Die Firma wurde durch die Gebrüder Olivier mit Kapital versorgt, das führte zu einem Aufschwung. Es sollen mit 300 Arbeitenden fünf Fahrräder am Tag gebaut worden sein. 1869 sollen es mit 500 Arbeitenden ca. 200 Fahrräder gewesen sein. Der Autor bezweifelt das.

Andere Firmen bauten ebenfalls Tretkurbelräder in Frankreich, was zu dieser Zeit das Zentrum war.

In Deutschland war Heinrich Büssing der erste Fahrradproduzent, in England die *Coventry Machine Company*.

Es brach ein regelrechter Boom fürs Fahrradfahren aus. Allein beim Michaux-Werk sollen ca. 6000 Fahrräder gebaut worden sein.

Wenn man nun das Vorderrad größer im Durchmesser macht, dann kann man pro Kurbelumdrehung weiterkommen und schneller fahren.

Das Hochrad wurde konstruiert und gebaut.

Es war James Starley, der diese Konstruktion konsequent durchsetzte und das erste Hochrad baute. Er nannte es „Ariel". Im Verhältnis zu den Tretkurbelrädern war sein Hochrad leicht. So leicht wie die Luft, sagte Starley. In dem Stück „The Tempest" von Shakespeare tritt der Luftgeist Ariel auf. Daher der Name.

1870 wurden die Patente angemeldet und ab September 1871 wurden die Ariel-Hochräder von der Firma Smith, Starley & Co in Coventry als *„First true bicycle"* angeboten und verkauft.

Das Fahrrad bestand komplett aus Stahl. Die Laufräder waren mit Vollgummibereifung ausgestattet.

Starley fuhr mit seinem Freund Hillmann werbewirksam von London nach Coventry die 100 mi (ca. 160 km) an einem Stück. Das Interesse war geweckt. Allerdings war der Preis von 8 £ für eine*n „Normalverbraucher*in" unerschwinglich.

Es wurde auch eine Version mit 2-Gang-Getriebe für stolze 12 £ angeboten! Bei diesem drehte sich das Vorderrad im zweiten Gang zweimal bei einer Kurbelumdrehung. Mit einem solchen Fahrrad wurden auch die ersten Rennen gewonnen. 1872 in Wolverhampton „*The championship of the world*".

Das Besondere am Ariel-Hochrad waren die Speichen und deren Spannung. Eigentlich verwendete man keine Speichen in dem Sinn, sondern Drähte, die auf der einen Seite der Nabe eingehängt wurden, dann zu einer Öse an der Felge liefen und dann zurückgingen auf die andere Seite der Nabe, wo der Draht in eine Bohrung wieder eingehängt wurde. Diese Technik ist rund um die Felge verwirklicht.

Diese umlaufenden Drähte wurden im Vorderrad durch zwei Zuganker gespannt. Die Nabe wurde zur Felge verdreht und dadurch waren die Drähte gespannt. Im Hinterrad genügte ein Zuganker.

Sehr viele Firmen in England bauten Hochräder. Es war ein regelrechter Boom.

Von 1875 bis 1880 gab es ca. 250 bis 300 verschiedene Modelle von mindestens 50 Herstellenden. Es sollen 1880 ca. 50.000 Hochräder durch Englands Straßen gerollt sein.

Die Preise waren nach heutiger Kaufkraft vergleichbar mit einem günstigen Auto. In Deutschland kam das Hochradfahren etwas zeitversetzt auf. So ungefähr 3 bis 5 Jahre später.

Unter den ersten Herstellenden in Deutschland waren die Adler-Werke Frankfurt/Main. Sie importierten zunächst englische Räder, bauten dann aber auch eigene Konstruktionen.

Die Technik wurde verbessert. Es wurden Tangentialspeichen verwendet, dadurch ist besonders das Vorderrad stabiler und leichter geworden. Als Lager wurden Kugel anstatt Gleitlager verwendet, was die Reibung verminderte.

Aber das Hochradfahren war doch gefährlich. Besonders gefürchtet war der sogenannte Kopfsturz (das Stürzen nach vorne kopfüber).

Ein wenig sicherer waren Dreiräder, was aber wieder mehr Gewicht mit sich brachte. Die Fahrenden saßen zwischen den Rädern und somit tiefer, was sicherer war.

Zwischen 1880 und 1883 war es so weit, dass das *Safety Bike* (Sicherheitsrad) auf den Markt kam.

Ein Fahrrad besaß zwei gleich große Laufräder, ein Tretlager mit Kurbeln dazwischen und von da eine Kette mit Übersetzung zum Hinterrad.

1884 kam ein Niederrad aus der Firma des verstorbenen James Starley, die sein Neffe John Kemp Starley leitete, welches „*Rover*" genannt wurde.

Vier Jahre später, 1888, wurde eine Weiterentwicklung vorgestellt. Dieses Fahrrad gilt als Vorläufer der heutigen Fahrräder. Der Rahmen hatte die Form eines Trapezes, es hatte gleich große Laufräder und einen Kettenantrieb zum Hinterrad. Die Sitzposition war wie die der heutigen Sättel.

Wie oft in England wurde die Qualität in Rennen und in Langstreckenveranstaltungen unter Beweis gestellt.

Diese Typen von Fahrrädern wurden von vielen Firmen hergestellt, auch in Deutschland. Die Bereifung bestand aus Vollgummi.

2 Das Fahrrad und seine Geschichte

In diesen Jahren entwickelte der irische Tierarzt John Boyd Dunlop den Luftreifen zur besseren Federung und Laufruhe an seinem Rover.

Um eine gute Markteinführung in England zu erreichen, wurde eine Fahrradfirma gegründet mit dem Namen „Ariel".

Der Name kommt vom Luftgeist Ariel, der in Shakespeares Stück „The Tempest" auftritt (Luftgeist-Luftreifen). Das Dunlop- und das Ariel-Markenzeichen waren fast gleich.

Der Reifen mit Luftschlauch setzte sich durch. Später wurde die Firma Ariel durch Motorräder besonders in den 1920er- und 1930er-Jahren berühmt.

Diverse Fahrradrahmen wurden konstruiert. Der Diamant-Trapezrahmen setzte sich durch mit Ausnahme des Pedersen-Rahmens, den es heute noch gibt.

Mikael Pedersen, der in Dänemark 1855 geboren wurde, ging 1893 nach England in die Stadt Dursley und entwickelte dort seinen Fahrradrahmen mit einem Hängemattensattel (Abb. 2.3). Der Rahmen ist sehr stabil und trotzdem leicht. Die Besonderheit war die Aufhängung des Sattels, was ein sehr komfortables Sitzen bei den damaligen Straßenverhältnissen darstellte. 1903 wurde das Fahrrad sogar mit der neuen Sturmey-Archer-3-Gang-Nabe ausgeliefert.

In dieser Zeit sind auch einige Fahrräder mit Wellenantrieb (Kardanantrieb) verkauft worden. Die Herstellung war teurer und dadurch seltener.

Abb. 2.3 Dursley-Pedersen 1902. (Foto von Ulrich Klingler mit freundlicher Genehmigung von Franz D. Klingler)

In der zweiten Hälfte der 1890er-Jahre kam immer mehr der Freilauf in den Hinterrädern auf. Vorher lief der Pedaltrieb immer mit, jetzt rollte das Rad, ohne dass die Kette mitlief und damit der Kurbeltrieb stehen blieb. Das Fahrrad rollte, ohne dass man treten musste.

1902 wurde von der englischen Firma Sturmey-Archer ein 3-Gang-Getriebe für die Hinterradnabe vorgestellt.

1903 hat Ernst Sachs eine Freilaufnabe mit Rücktrittbremse gebaut und im gleichen Jahr auch eine 2-Gang-Nabe mit Rücktrittbremse angeboten. Die Letztere ist praktisch unverändert bis in die 1950er-Jahre von Sachs hergestellt worden.

Um 1900 waren die Zentren der deutschen Fahrradindustrie Frankfurt/Main, Brandenburg, Nürnberg und Bielefeld.

Durch das große Angebot und die vielen Marken sanken auch die Verkaufspreise, sodass Fahrräder für breite Bevölkerungsschichten erschwinglich wurden.

Es hat sich nicht sehr viel getan bis in die 1930er-Jahre. Mitte dieses Jahrzehnts waren die Tretlagergetriebe häufig zu finden. Das berühmteste war das Adler-3-Gang-Getriebe. Die Schaltung im Tretlagerbereich wurde mittels Gestänge und Hebel am Unterrohr geschaltet.

Brennabor hatte ein 4-Gang-, Bismarck und Wanderer ein 2-Gang-Getriebe.

Abb. 2.4 zeigt das Victoria-Jubiläums-Herrenfahrrad aus dem Jahr 1936 mit Rücktritt und Handbremse, allerdings ohne Gangschaltung und somit deutlich preiswerter.

1959 hat ein gewisser Alexander Moulton in Bredfort/Avon in England sich um Fahrräder Gedanken gemacht. So entstand ab 1963 das Moulton F-Frame mit kleinen Rädern, welches vollgefedert und mit teilbarem Rahmen ausgestattet war (Glaskin 2012).

Ab 1983 kam das Modell Space-Frame auf den Markt. Ein Fahrrad mit einem sehr stabilen und sehr leichten Rahmen. Alle Modelle waren voll gefedert. Wegen der hervorragenden Qualität sind sie heute schon Sammlerobjekte.

Abb. 2.4 Victoria-Jubiläums-Herrenfahrrad im Schaufenster von Zweirad Schneider. (Foto von Ulrich Klingler)

Die Nachbauten, die sogenannten Klappräder, konnten dem Moulton das Wasser nicht reichen und waren ein Flopp.

Ab Anfang der 1960er-Jahre wurden die Fahrradkomponenten günstiger und nicht mehr so stabil gebaut. Es wurde mehr auf Leichtbau gesetzt. Die Nachbauten, die sogenannten Klappräder, setzten sich nicht durch.

In den 1930er-Jahren wurde ein Gesetz erlassen, das eine Beleuchtung per Dynamo zwingend vorschrieb. 2016 hat der Bundestag diese Dynamo-Pflicht gekippt. Seitdem sind auch akku- und batteriebetriebene Lampen an Fahrrädern erlaubt.

Dieses Kapitel hat die Entwicklung von Drais' Laufmaschine bis hin zum voll gefederten Leichtfahrrad aufgezeigt. Aus psychologischer Sicht war außer der Sicherheit und dem Kaufpreis von Beginn an der Komfort Thema. Lösungen wie der Hängemattensattel oder die Luftreifen wurden erfunden. Im nächsten Kapitel wird es um die Physik des Radelns gehen, also wie wir z. B. das Gleichgewicht halten und Roll- sowie Luftwiderstand überwinden.

Let's get physical

Ulrich Klingler

Physikalisch ist das Radfahren durchaus eine Herausforderung. Das Lernen des Radfahrens als Kind erfolgt meist mit Stützrädern und wenn die abmontiert wurden, braucht es noch einmal eine gewisse Zeit. Aufsteigen und losfahren wie beim Drei- oder Vierradfahrzeug geht nicht. Dieses Kapitel beschreibt die physikalischen Kräfte, die beim Fahrradfahren auf uns einwirken. Schwerkraft, Roll- und Luftwiderstand sowie Reibung. Wir müssen lostreten und dann immer eine gewisse Geschwindigkeit halten, sonst würden wir umkippen.

Wie also fahren wir Fahrrad?

Ohne Lenkung am Vorderrad kann man nicht Fahrradfahren. Man kann das z. B. am Boden sehen, wenn frisch gefallener Schnee auf dem Fahrweg liegt. Man erkennt eine gerade Linie und drumherum eine Wellenlinie. Die gerade Linie hat das Hinterrad gezogen, die Wellenlinie das Vorderrad. Man sitzt auf dem Fahrrad und tritt in die rechte Pedale. Die Physik neigt in diesem Fall zu einem Sturz nach rechts. Wir lenken nach links, um den Sturz zu vermeiden. Der nächste Pedaltritt (links) zieht uns nach links und wir lenken dagegen nach rechts. Je schneller wir fahren, umso geringer werden die Lenkbewegungen. Wir balancieren beim Fahren. Dies war bei der draissschen Maschine anders. Der Fahrer stieß sich mit den Füßen am Boden ab. Streng genommen ist das Laufrad kein Fahrrad.

Die Kräfte, die auf den bzw. die Fahrende und das Fahrrad wirken, sind:

- Schwerkraft
- Rollwiderstand
- Luftwiderstand
- Reibung diverser Fahrradkomponenten

U. Klingler (✉)
Egelsbach, Deutschland

Unsere Erde übt auf uns und unser Fahrrad eine Anziehungskraft aus. Man nennt diese Kraft Erdbeschleunigung oder Gravitation. Sie beträgt 9,81 m/s². Das wirkt sich besonders beim Bergfahren aus – es ist schwieriger, hochzukommen als runter.

Außerdem wirken das Gewicht des Fahrenden und das Gewicht des Fahrrads auf die Reifen. Die Reifen verformen sich beim Abrollen auf der Fahrbahn. Je stärker der Reifen sich verformt, umso höher ist der Rollwiderstand. Hierbei kommt es auf den Luftdruck im Schlauch an.

Gegenwind und Rückenwind nehmen großen Einfluss. Beim Vorwärtskommen müssen wir die Luft zur Seite verdrängen. Je schneller gefahren wird, umso größer ist der Luftwiderstand. Der Luftwiderstand FL ist abhängig von der Luftdichte ρ (Rho), dem Luftwiderstandsbeiwert cw, der Stirnfläche A und der Fahrgeschwindigkeit v²:

$$FL = \frac{1}{2} * \rho * A * cw * v^2$$

Die Beziehung gilt nur für Windstille!

Die folgenden Ergebnisse wurden in Fahrversuchen mit einem normalen und einem Moulton-Fahrrad mit und ohne Windschild (Zzipperverkleidung) ermittelt.

Den Wert für die Luftdichte ρ (Rho) setzen wir mit 1,2 kg/m³ an. Der cw-Wert ist so eine Sache. Wie sitzen die Fahrenden auf dem Fahrrad? Welche Kleidung tragen sie? Haben sie einen aerodynamischen Helm auf? Sind Verkleidungen am Rad vorhanden? Sind die Laufräder klassisch als Speichenrad ausgeführt oder handelt es sich um Systemlaufräder? Bei Systemlaufrädern verändern einzelne Herstellende die Einzelteile und Bauweisen von Laufrädern. Der Wert von cw kann variieren von 0,8 bis 1,4. Die Geschwindigkeit ist entscheidend (m/s). Wie man in der Formel sieht, wird die Geschwindigkeit v ins Quadrat gesetzt. Je schneller man bzw. frau fährt, umso größer wird der Luftwiderstand.

Die Luftdichte ändert sich mit der Höhe über Normalnull (üNN). Die Dorotheenstraße in Langen ist laut Messtischblatt vom Hessischen Vermessungsamt ca. 200 m über dem Meeresspiegel. Auf Meereshöhe beträgt die Luftdichte 1,204 kg/m³ bei 20 °C. Auf 200 m ist sie etwas geringer (wir haben 1,2 angenommen).

In den Fahrversuchen (Abb. 3.1 und Abb. 3.2) wurde das Fahrrad erst auf eine höhere Geschwindigkeit von 20 km/h beschleunigt und dann ausgerollt auf 17 km/h ohne Antrieb. Das Gleiche machten wir bei einer kleineren Geschwindigkeit von 6 auf 4 km/h.

Der Leistungswert ist 0,0386 bei Geschwindigkeiten von 15 km/h (Abb. 3.3 und Abb. 3.4).

Wir führten verschiedene Fahrversuche durch, um den Einfluss des Luftwiderstandes und von Windschilden zu testen. Dabei ließen wir ein Fahrrad auf ebener Fahrbahn und bei Windstille ausrollen ohne Antrieb. Das erste Mal bei einer höheren Geschwindigkeit (20 auf 17 km/h) und zweitens bei einer niedrigeren Geschwindigkeit (6 auf 4 km/h). Jeweils wird mit einer Stoppuhr die Zeit gemessen, bis die entsprechende Geschwindigkeit erreicht ist.

Den Luftwiderstand wollten wir zuerst ermitteln. Für das ρ in der Formel des Luftwiderstands setzten wir 1,2 kg/m³ an (bei ca. 200 m über Normalnull, die Höhe, auf der wir uns befanden).

3 Let's get physical

Abb. 3.1 Ulrich Klingler auf dem Messfahrrad in der Dorotheenstraße in Langen, Hessen

Für das A, die Stirnfläche (Fahrrad inkl. Fahrer), wurde ein Foto aufgenommen, welches auf Millimeterpapier projiziert wurde. So konnten die einzelnen Kästchen gezählt werden.

Durch das Maß am Rande konnte man die Fläche leicht ermitteln. Von Markierung zu Markierung war der Abstand 0,25 m. Es sind 0,67 m².

Die Rollversuche wurden jeweils 5-mal durchgeführt, bei verschiedenen Luftdrücken in den Luftschläuchen der Reifen. Aus diesen 5 Messungen wurde der Mittelwert berechnet und angegeben.

Hieraus folgt (Bosch 1987):

Mittlere Geschwindigkeit:

$$V1 = \frac{va1 + vb1}{2}$$

$$V2 = \frac{va2 + vb2}{2}$$

Mittlere Verzögerung:

$$a1 = \frac{va1 - vb1}{t1}$$

$$a2 = \frac{va2 - vb2}{t2}$$

Abb. 3.2 Selbstversuch von Ulrich Klingler und seinem Praktikanten mit dem Moulton-Fahrrad

Dann kann man auch den Rollwiderstandsbeiwert ermitteln:

$$f = \frac{28{,}2\left(a2 * v1^2 - a1 * v2^2\right)}{10^3 \left(v1^2 - v2^2\right)}$$

Die errechneten Werte lassen sich in Tab. 3.1 ablesen.
Und man kann den Luftwiderstandsbeiwert ermitteln:

$$cw = \frac{6 * m\left(a1 - a2\right)}{A * \left(v1^2 - v2^2\right)}$$

m ist die Masse (Fahrrad inkl. Fahrer), hier 20 + 77 = 97 kg.

Der errechnete mittlere cw-Wert ist 1,3.

Der Luftwiderstand ist nun zu berechnen und das Ergebnis sieht man in Abb. 3.3 bei 3 bzw. 5 bar Luftdruck in den Schläuchen (Abb. 3.4).

Die Ergebnisse bzgl. der Fahrwiderstände mit und ohne Zzipper sieht man in Abb. 3.3. Der Unterschied betrug ca. 10 % weniger Kraftaufwand mit Zzipper. Die Firma Zzipp-Design saß zur Zeit der Fahrversuche in Sacramento, Kalifornien, USA. Sie bot Verkleidungen für viele Fahrräder an. Heute gibt es einige weitere Firmen in diesem Bereich, z. B. RIDEWRAP in Australien, Canada und den USA. Aktuelle Preise: 125 kanadische bzw. 98 USD.

3 Let's get physical

Tab. 3.1 Geschwindigkeit und Zeit in Abhängigkeit vom Luftdruck in den Reifen

	Va1 km/h	vb1 km/h	t1 s	va2 km/h	vb2 km/h	t2 s
1 bar	20	17	3,3	6	4	3,3
2 bar	20	17	3,6	6	4	8,8
3 bar	20	17	4,0	6	4	13,6
4 bar	20	17	5,2	6	4	17,2
5 bar	20	17	6,3	6	4	28,5

Anm.: Va1 und Va2 sind die Anfangsgeschwindigkeiten. vb1 und vb2 sind die Endgeschwindigkeiten. t1 und t2 sind die jeweiligen Zeiten, die der Abrollvorgang benötigt

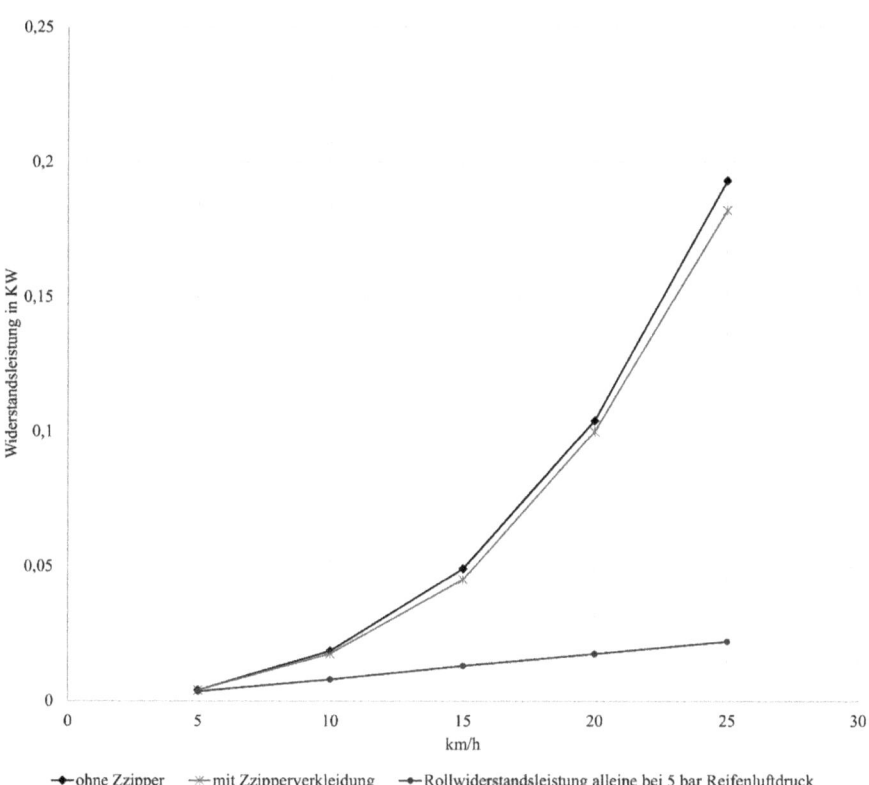

Abb. 3.3 Kilowatt (Ordinate kW) in Abhängigkeit von der Geschwindigkeit (Abszisse km/h) mit und ohne Zzipper. Selbstversuche von Ulrich Klingler und seinem Praktikanten

Man findet diese Verkleidung besonders bei Liegefahrrädern von der Firma HP-Velotechnik (genannt Streamer).

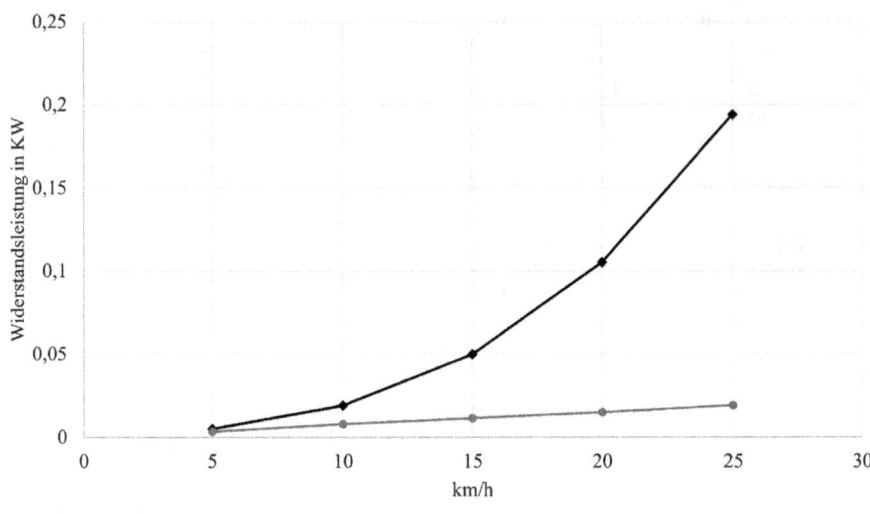

→ Luftwiderstandsleistung inkl. Rollwiderstand bei 3 bar Reifenluftdruck
→ Rollwiderstandsleistung alleine bei 3 bar Reifenluftdruck

Abb. 3.4 Kilowatt (Ordinate kW) in Abhängigkeit von der Geschwindigkeit (Abszisse km/h) bei 3 bar Reifenluftdruck. Selbstversuche von Ulrich Klingler und seinem Praktikanten

Let's get psychophysical

Joachim Vogt

Im vorangegangenen Kapitel wurde die Physik des Radelns beschrieben. Jetzt beschäftigen wir uns mit der Frage, wie physikalische Vorgänge und Gegebenheiten von Menschen empfunden werden.

Seit Entstehung der Menschheit haben wir uns mit unserer physikalischen, chemischen und biologischen Umwelt auseinandergesetzt. Im Laufe der Evolution haben wir uns an unsere Umwelt angepasst. Spätestens seit der Industrialisierung im 19. Jahrhundert haben wir unsere Umwelt intensiv ausgebeutet und verändert, leider meist zum Schlechten. Seit dem Ende des 19. Jahrhunderts haben Psychologinnen und Psychologen die Interaktionen von Menschen mit ihrer Umwelt wissenschaftlich untersucht. Auch die im vorangegangenen Kapitel dargestellten physikalischen Entitäten werden von dem bzw. der Fahrenden wahrgenommen. Die Wissenschaft dazu ist die Psychophysik (Campenhausen 1993). Psychophysikalische Ansätze gab es bereits 500 Jahre v. Chr. Pythagoras soll entdeckt haben, dass ein konstantes Verhältnis zwischen der Länge der Saiten einer Leier (Physik) den Grundton des Instruments bestimmt (gehört und empfunden – Psychologie – von einer Person). Wissenschaftlich begründet und betrieben wurde die Psychophysik dann von Weber und Fechner. Die von Weber beschriebene Unterschiedsschwelle ist der kleinste Unterschied zwischen zwei Reizen, den eine Person gerade noch feststellen kann. Sie steht in einem festen Verhältnis zur Reizintensität, d. h., je stärker der Reiz, desto größer muss der Unterschied sein, um ihn zu bemerken. Fechner beschreibt den Zusammenhang zwischen Reiz- und Erlebnisintensität. Dieser entspricht dem Logarithmus der Reizintensität multipliziert mit einer Konstanten und addiert mit einer weiteren Konstante. Die Psychophysik hatte ihre Blüte noch vor der modernen Psychologie, wie Vogt et al. (2023) kurz zusammenfassen:

J. Vogt (✉)
FAI, TU Darmstadt, Darmstadt, Deutschland
E-Mail: joachim.vogt@tu-darmstadt.de

© Der/die Autor(en), exklusiv lizenziert an Springer-Verlag GmbH, DE, ein Teil von Springer Nature 2025
U. Klingler, J. Vogt (Hrsg.), *Pedelecs – Mensch, Technik, Straßenraum*,
https://doi.org/10.1007/978-3-662-70959-7_4

1867	München, Ludwig-Maximilians-Universität; als Teil des Fachbereichs Philosophie wird der erste Lehrstuhl für Pädagogik and Psychologie in Deutschland gegründet
1879	Leipzig, Wilhelm Wundt gründete das erste psychologische Labor in Deutschland; die Psychologie löste sich von der Philosophie und suchte Anschluss an die Physik als Leitwissenschaft
1887	Göttingen, Georg Elias Müller errichtete das zweite psychologische Labor in Deutschland[1]
1896	Würzburg, Oswald Külpe, vormals Assistent von Wilhelm Wundt in Leipzig, eröffnete ein weiteres psychologisches Labor. Külpe und Kollegen entwickelten systematisch das psychologische Experimentieren und versuchten, einige der von Wundt aufgezeigten Restriktionen zu überwinden. In der Würzburger Schule wurden die Versuchspersonen komplexen Stimuli ausgesetzt und im Anschluss befragt. Karl Popper besuchte Vorlesungen von Bühler und Selz. Seine Philosophie der Wissenschaft nahm viele Ideen auf und geht z. B. davon aus, dass Hypothesen falsifiziert und nicht verifiziert werden können. Alle Schwäne sind weiß – diese Hypothese gilt nur, bis ein schwarzer Schwan gesehen und die Hypothese falsifiziert wird. Das Würzburger Institut für Psychologie feierte 2021 das 125-jährige Bestehen. Das Zentrum für Geschichte der Psychologie bietet eine virtuelle Ausstellung an.[2]
1922	Darmstadt, Institut für Psychotechnik, Erwin Bramesfeld übernimmt die Direktion des frisch gegründeten Instituts für Psychotechnik am Fachbereich Maschinenbau

Die Psychophysik beschäftigt sich u. a. mit Schwellen, d. h. den gerade eben merklichen Unterschieden (Weber) beispielsweise des Luftwiderstands, der bereits im vorangegangenen Kapitel untersucht wurde. Außerdem stellt die Psychophysik Funktionen auf, deren X-Achse aus physikalischen Einheiten besteht, z. B. dem Luftwiderstand, und deren Ordinate die psychologische Reaktion darauf darstellt, beispielsweise Intensität des Luftzugs und empfundene Temperatur. Aus den physikalischen Funktionen kann man den Schwellenwert bestimmen, d. h. der Wert, bei dem 50 % der Versuchspersonen eine Veränderung feststellen (und 50 % keine Änderung wahrnehmen).

Beispiele für Schwellenwerte (aus Knauers moderner Psychologie, Legewie und Ehlers 1978):

Sehen	Kerzenlicht in klarer dunkler Nacht aus 40 km Entfernung
Hören	Ticken einer Armbanduhr aus 6 m Entfernung
Geschmack	1 Teelöffel Zucker in 10 l Wasser
Geruch	1 Parfümtropfen in 6-Zimmer-Wohnung
Berührung	1 Sandkorn aus 1 m Höhe auf die Wange fallend

Insbesondere der letztgenannte Schwellenwert ist relevant für die Fahrversuche in Kap. 3.

---

[1] Müller, Georg Elias – Lexikon der Psychologie (spektrum.de).
[2] Zentrum für Geschichte der Psychologie – Blickportal (uni-wuerzburg.de).

4 Let's get psychophysical

Nachdem das vorletzte Kapitel die Physik des Radfahrens beschrieb und das letzte sich mit der Übersetzung von Physik in Empfinden beschäftigte, wenden wir uns nun dem heutigen Radverkehr zu. In den nächsten Kapiteln wird beschrieben, welche Mobilitätsziele Menschen mit dem Rad erreichen wollen, welche Räder dafür geeignet sind, was sie kosten und wie die Infrastruktur aussieht, die zur Verfügung steht.

Das Fahrrad heute

Joachim Vogt

Nachdem Geschichte, Physik und Psychophysik des Fahrradfahrens beschrieben wurden, soll in diesem Kapitel die Gegenwart und nahe Zukunft des Radelns dargestellt werden. Die Vorteile insbesondere gegenüber dem Pkw werden erläutert.

Im Vergleich zum Auto als Verkehrsmittel für kurze Strecken ist das Rad wesentlich kostengünstiger und gesünder. Muskeln, Gelenke und Herz-Kreislauf-System werden auf dem Rad mobilisiert, im Auto dagegen immobilisiert. Frische Luft, Sonnenschein (wichtig für Vitamin-D-Bildung) und schöne Landschaften wecken positive Gedanken und Gefühle, die wiederum das Immunsystem stärken. Die Psychoneuroimmunologie untersucht solche Effekte positiver und negativer Emotionen auf das Immunsystem. Positiv Denkende und Fühlende sind seltener krank. Richard Davidson von der Wisconsin Universität in Madison und sein Team (Kern et al., 2008) vermuten, dass positive Emotionen Teile des präfrontalen Kortex der linken Gehirnhälfte (linke Hemisphäre) anregen; negative Gefühle dagegen sollen auf der rechten Hemisphäre wirken. 52 Proband*innen im Alter von 57 bis 60 Jahren sollten das schlimmste und das glücklichste Ereignis in ihrem Leben erinnern und aufschreiben. Vor und nach dieser Aufgabe wurden die Gehirnaktivitäten gemessen. Um die Immunantwort zu beobachten, wurde eine Grippeimpfung verabreicht und die Reaktion darauf gemessen. Linkshemisphärische Aktivität korrelierte positiv mit der Zahl der Antikörper. Dagegen zeigten Personen mit viel Aktivität rechts eine schwächere Immunreaktion.[1]

Es gibt viele weitere Vor- und kaum Nachteile des Fahrrads. Selbst Regen ist kein Hindernis, wenn man die richtige Kleidung trägt (s. Kap. 23). In der Pandemie

---

[1] Wie positives Denken das Immunsystem stärkt – wissenschaft.de.

J. Vogt (✉)
FAI, TU Darmstadt, Darmstadt, Deutschland
E-Mail: joachim.vogt@tu-darmstadt.de

stiegen viele Menschen vom öffentlichen Personennahverkehr (ÖPNV) um auf das Rad. Radfahrende tragen wesentlich dazu bei, dass die Klimaproblematik nicht noch schlimmer wird. Auch Pandemielagen entspannen sich, wenn viele Menschen Rad fahren. Frische Luft und großer Abstand zu anderen reduzieren die Ansteckungsgefahr deutlich im Vergleich zum ÖPNV. Arbeitgebende bieten inzwischen Leasingverträge (s. Kap. 8) bzw. Gehaltsumwandlung für Fahrräder an, die es zuvor nur für Dienstautos gab. Städte bauen ihr Radwegenetz aus und Schnellwege, wie der von Frankfurt über Langen nach Darmstadt, machen das Pedelec bei der Pendelzeit konkurrenzfähig. Immer mehr Arbeitgebende bieten Pedelecs als Jobräder z. B. mit Leasingverträgen an (s. Kap. 8). Einige Nahverkehrsverbünde verzichten auf Fahrradtickets, z. B. der Rhein-Main-Verkehrsverband.

Zu der Interaktion des Menschen mit seinen Rädern gab und gibt es vielfach Tests und Empfehlungen, etwa von der Stiftung Warentest (2021). Wissenschaftliche Studien an Radfahrenden sind dagegen selten. In diesem Buch wurde alles zusammengefasst, was gefunden werden konnte. Außerdem haben wir selbst über mehrere Jahre und Tausende Testkilometer hinweg kontrollierte Studien mit sechs Testrädern plus diversem Zubehör und zehn Versuchspersonen durchgeführt. Die Testpersonen wurden instruiert, auf bestimmte technische Details (z. B. Bedienbarkeit des Rades, Reichweite), Verhältnisse (z. B. Straße, andere Verkehrsteilnehmende), Verhaltensweisen und Emotionen (z. B. von sich selber) zu achten und zu berichten. Dieses sogenannte *Experience Sampling* (siehe Myin-Germeys et al. 2009 für eine ausführliche Beschreibung) bringt auch bei relativ wenigen Testpersonen viele wichtige Erkenntnisse, die wir sehr gerne in diesem Buch mit Radfahrenden, Rad- und Zubehörherstellenden sowie Verkehrsplanenden teilen möchten.

Welches Fahrrad ist richtig für mich?

Ulrich Klingler

Dieses Kapitel beschäftigt sich mit der maßgeschneiderten Auswahl eines Rades für einen bestimmten Menschen mit definierten Mobilitätsanforderungen.

Wie viele andere Produktentwicklungen auch ist die Entwicklung des Fahrrades technikgetrieben. Mehr als auf die Bedürfnisse der Menschen wurde in der Entwicklung Wert auf technische Finesse gelegt. Natürlich ist es auch im Interesse des Menschen, dass die Technik innovativ ist und zuverlässig funktioniert. Oft sehen wir aber, dass dies der Fall ist, ohne dass die Bedürfnisse der Nutzenden befriedigt werden.

Seit der Forstmeister Freiherr von Drais 1815 seine hölzerne Laufmaschine vorstellte, entstanden zahlreiche Konstruktionen. Einige wurden wieder verworfen, andere beibehalten und verbessert. So wurden z. B. die anfänglich verwendeten Holzrahmen durch solche aus Stahl ersetzt, aus Laufrädern wurden Hochräder, nach den Vollgummireifen kamen die Luftreifen. Das Hauptmerkmal der Weiterentwicklung war immer die Frage: Was ist technisch machbar? Erst relativ spät entdeckte man die Bedeutung menschenzentrierten Designs. Die ISO-Norm zum nutzerzentrierten Design (ISO 9241[1]) wird heute vielfach verwendet. Damit kann eine bequeme und einfache Nutzung ermöglicht werden bis hin zur *magic experience*, der höchsten Stufe der *user experience*.

Die heutigen Rennräder und Mountainbikes sind Wettbewerbsmaschinen, die ausgerichtet sind auf schnelle Fahrt im Straßenraum bzw. im Gelände. Nur ein winziger Bruchteil der Fahrenden nutzt sie auch so. Die überwiegende Mehrheit möchte ein bequemes und zuverlässiges Rad. Um so eines zu finden, sollten Sie sich zuerst fragen, wofür Sie das Rad primär einsetzen wollen:

---

[1] ISO-Norm 9241-210:2019 (Prozess zur Gestaltung gebrauchstauglicher interaktiver Systeme).

U. Klingler (✉)
Egelsbach, Deutschland

- Für Einkaufsfahrten
- Für Ausflüge
- Für Urlaubsfahrten
- Für die tägliche Fahrt zur Arbeit
- Für Freizeit und Erholung

Für jede dieser Nutzungsarten gibt es spezielle Ausführungen von Fahrrädern, die sich unterscheiden in z. B. Rahmenform, Rahmenhöhe, Sattel, Vorbau, Lenker, Schaltung, Übersetzung, Laufrädern, Gepäckträger und Anhänger, Ständer, Schutzbleche u. v. m.

Grundsätzlich sollte eine bequeme Sitzhaltung ermöglicht werden. Lenker und Vorbau müssen dafür einstellbar sein. Nehmen Sie sich Zeit, dies auszuprobieren und auch, um den Sattel zu testen. Die Muskulatur sollte nicht angespannt sein, damit ihre volle Kraft in den Antrieb fließen kann. Ein vollgefedertes Rad, das eine aufrechte Haltung ermöglicht, ist am besten dafür geeignet.

Für einen guten Fahrkomfort sollte das Vorderrad wenig belastet und daher gut zu lenken sein. Eine breite Bereifung wird empfohlen und ein Rahmen mit weichem Fahrverhalten sowie gut gefedertem Sattel. Diese Kombination hat allerdings bei Geschwindigkeiten über 25 km/h den Nachteil, dass der Luftwiderstand größer ist als bei geneigter Rennhaltung. Leicht geneigtes Sitzen verteilt das Körpergewicht gleichmäßig auf Gesäß und Arme. Dies ist vorteilhaft bei höheren Durchschnittsgeschwindigkeiten. Zu empfehlen ist außerdem ein kürzerer Radstand. Der Nachteil hier liegt wiederum im Luftwiderstand: Er ist ähnlich hoch wie bei aufrechter Sitzhaltung. Hände, Arme und Nacken werden stärker belastet.

Stark geneigte Rennhaltung: Dies ist die sportliche Sitzposition für Trainingszwecke. Sie hat geringen Luftwiderstand und erlaubt höhere Durchschnittsgeschwindigkeiten. Auch hier empfiehlt sich der kurze Radstand. Zudem sind sehr schmale Reifen dem Rennzweck dienlich. Als Nachteile sind zu nennen eine Verspannung der Nacken- und Rückenmuskulatur sowie das Einschlafen der Hände. Die Übersicht über das Verkehrsgeschehen ist außerdem getrübt.

Im Allgemeinen empfiehlt sich also für bequemes, entspanntes und gesundheitsförderndes Fahren ein kurzer, hoher Vorbau, ein nach hinten gekröpfter Lenker (sogenannter Gesundheitslenker) und ein gut gefederter Sattel. Dabei ist die Erstellung der richtigen Sattelhöhe wichtig. Die Sattelhöhe ist die Strecke zwischen Tretlagermitte und Oberkante der Sattelmuffe. Als Faustformel zur Ermittlung der Sattelhöhe gilt: Innenlänge des Beines mal 0,66.

Um mit möglichst geringem Kraftaufwand sowohl auf ebener Strecke als auch in hügeligem Gelände oder bei unterschiedlichen Windverhältnissen zu fahren, benutzt man verschiedene Übersetzungen. Diese werden vom Lenker aus geschaltet. Üblich sind drei oder fünf Gänge für den Stadtbereich sowie 7, 8 und 9 Gänge für Überlandfahrten und Touren mit Gepäck. Mehr als 7 Gänge sind erfahrungsgemäß nicht notwendig, da man sie ohnehin nicht voll ausnutzt. An Schaltungen gibt es zunächst die Nabenschaltung, bei der sich das Schaltgetriebe in der Hinterachse befindet. Sie zeichnet sich durch exaktes Schalten und Einrasten der Gänge aus. Das Metallgehäuse bietet Schutz vor Schmutz und Beschädigung. Die Kette läuft verschleißarm immer in der gleichen Spur. Als Nachteil ist zu vermerken, dass die Antrittposition des Pedalarms wegen der Rücktrittbremse nicht frei wählbar ist, was sich im Fahrbetrieb aber kaum bemerkbar macht. Die Schaltnaben gibt es auch in einer Freilaufversion, sodass zuletzt genanntes Problem nicht auftritt. Als Spitzenprodukte unter den Schaltnaben gilt die 14-Gangschaltung von Rohloff. Nabenschaltungen sind sehr wartungsfreundlich. Als Alternative ist die Kettenschaltung zu nennen, bei der die Kette auf verschieden große Zahnkränze gelegt wird, wodurch sich die Übersetzung ändert. Der Umwerfer am Tretlager transportiert bei Betätigung des Schalthebels die Kette auf üblicherweise 3 verschieden große Zahnkränze. Das Schaltwerk am Hinterrad positioniert die Kette auf bis zu 10 verschieden große Zahnkränze. Die Spanne der erreichbaren Übersetzungen ist insgesamt größer als bei der Nabenschaltung. Da die Kette beim Schalten über die Kettenräder bewegt wird, ist mit höherem Verschleiß des Antriebssystems zu rechnen als bei der Nabenschaltung. Hiermit ist auch ein erhöhter Wartungsbedarf verbunden. Beide Schaltungen sind weitgehend frei wählbar, was die verschiedenen Übersetzungen angeht.

Die wohl wichtigste und gleichzeitig die am stärksten belastete Komponente eines Fahrrads sind die Laufräder. Üblicherweise verwendet man hier Aluminiumfelgen zusammen mit Edelstahlspeichen. Die Speichenspannung sollte regelmäßig überprüft werden, insbesondere bei rauem Fahrbetrieb (z. B. auf Feldwegen). In diesem Fall wäre es auch ratsam, auf Hohlkammerfelgen umzurüsten, da diese eine höhere Stabilität gegenüber konventionellen Felgen haben.

Die richtige Rahmenhöhe errechnet sich aus der Beininnenlänge mal 0,66 cm. Die Rahmenhöhe wird in cm gemessen von der Mitte des Tretlagers bis zur Oberkante der Sattelmuffe. Mountainbikes sollten 5 cm kleiner sein. Für den Wettkampf mit Mountainbikes empfiehlt sich eine nochmals um 5 cm abgesenkte Rahmenhöhe.

Tab. 6.1 zeigt eine Übersicht. Mountainbikes sollten 5 cm kleiner sein. Für den Wettkampf mit Mountainbikes empfiehlt sich eine nochmals um 5 cm abgesenkte Rahmenhöhe.

Tab. 6.2 zeigt Empfehlungen für den Reifendruck in Abhängigkeit von der Reifenbreite. Mountainbikes sollten maximal bis 4,0 bar aufgepumpt werden. Für Downhill-Mountainbikes empfehlen wir 2,0–3,0 bar. Bahnrennräder fahren auf 12–14 bar.

Tab. 6.1 Ermittlung der Rahmenhöhe des Rades anhand der Körpergröße des Menschen

Körpergröße von bis in cm		Rahmenhöhe von bis in cm	
155	160	47	49
160	165	49	51
165	170	51	53
170	175	53	55
175	180	55	57
180	185	57	59
185	190	59	61
190	195	61	63

Tab. 6.2 Luftdruck in Abhängigkeit von der Reifenbreite

Reifenbreite mm	Druck in bar Vorderrad	Druck in bar Hinterrad
60	2,0–2,5	2,2–2,7
54	2,5–2,8	2,7–3,0
47	3,0–3,3	3,2–3,5
37	3,5–4,0	4,0–4,5
32	4,0–4,5	4,5–5,0
28	4,5–5,0	5,0–5,5
22	6,0–7,0	7,0–8,0

Was sollte dieses Fahrrad kosten?

Ulrich Klingler

Mit welchen Kosten muss man bzw. frau rechnen für ein Rad, das wie im vorangegangenen Kapitel beschrieben wurde für eine Person und ihre Mobilitätsbedürfnisse?

Wer mit dem Fahrrad viel unterwegs ist und längere Touren fährt, braucht ein qualitativ hochwertiges Rad mit hoher Zuverlässigkeit. Nur ein hochwertiger Standard stellt sicher, dass es auch bei einer technisch aufwendigen Konstruktion gut und dauerhaft funktioniert. Dieses Verständnis hat sich im Automobilbereich durchgesetzt. Qualität und Ausstattung wurden im Laufe der Jahre konsequent verbessert. Beim Fahrrad verhält es sich anders: Sogenannte Baumarkt-, Kaufhaus-, Marktketten-, Fahrräder finden immer noch viele Abnehmende. Solche Fahrräder, die außerhalb des Fachhandels erworben werden, können allerdings die Freude am Radfahren gründlich verderben.

Wann und warum ist ein Fahrrad teuer oder preiswert?

Die Antwort ist subjektiv, in den Augen des Autors kann man Fahrrad- und Autowertigkeit in ein direktes Verhältnis zueinander bringen. Denken Sie an den Autokauf und überlegen Sie sich, welchen Neupreis das Auto Ihrer Wahl hat. Wer gelegentlich bis durchschnittlich oft sein Fahrrad benutzt, sollte mindestens 5 % von diesem Autowert für ein Fahrrad investieren. Bei intensiver Nutzung oder hochwertiger Technik (z. B. Luftfederung, Rohloff-Nabenschaltung, Magura-Bremsen) sollte man entsprechende Aufschläge berücksichtigen. Hieraus lässt sich wie folgt der Preis für ein adäquates Fahrrad ermitteln: Wir starten mit einem Sockel von 1000 €. Hat das Fahrrad technischen und qualitativen Anspruch (z. B. Vollfederung), beginnt der Preis bei etwa 1500 €. Für gute Elektrofahrräder ist mindestens das Dreifache zu bezahlen.

Lohnt sich diese Investition?

U. Klingler (✉)
Egelsbach, Deutschland

Ja, auf jeden Fall. Man bzw. frau braucht sein bzw. ihr Fahrrad nur zu 5 % der Zeit zu nutzen, die man im Auto zurücklegt. Wer 1 h am Tag im Auto sitzt, dessen Fahrrad hat nach kaum 5 min Fahrt die gleiche Rentabilität erreicht. Die Wirtschaftlichkeit des Fahrrades spricht für den Kauf eines hochwertigen Produktes. Außerdem ist das Fahrrad unabhängig von steigenden Kraftstoffpreisen, Versicherungen und jährlichen Steuerzahlungen. Auch die jährliche Inspektion ist günstiger.

Leasingverträge über die Arbeitgebenden

8

Sam Auer

Um ein gutes Rad zu finanzieren, kann man immer öfter die Hilfe der Arbeitgebenden annehmen. Es gibt viele gute Gründe, auf die verbreiteten Dienstautos zu verzichten und stattdessen ein Fahrrad zu leasen.

Der Umstieg vom Dienstauto auf das Dienstrad ist nicht nur attraktiv für Arbeitnehmende, auch Arbeitgebende können profitieren, wenn sie ihre Angebote für die Beschäftigten erweitern. So zeigte eine Studie der Königsteiner Gruppe (2020), dass es für 60 % der Arbeitnehmenden wichtig ist, welche Einstellung das Management ihrer Firma zum Thema Umweltschutz vertritt.[1] Auch bei der Jobsuche gibt ca. die Hälfte der Befragten an, dass das Umweltschutzverständnis neben der *Work-Life-Balance* und dem Gehalt bei der Jobsuche eines der Top-3-Entscheidungskriterien sei. Der Fokus sollte dabei auf die jüngere Generation gelegt werden, da diese das Fortbestehen des Unternehmens sichert. Jedoch geben aktuell die meisten jüngeren Arbeitnehmenden zwischen 18 und 29 Jahren an, dass sie Unternehmen in Bezug auf den Umweltschutz für schwach aufgestellt halten. Ältere Befragte, zwischen 50 und 59 Jahren, halten deutsche Arbeitgebende dagegen zu fast 60 % für umweltbewusst. Von den Befragten gaben darüber hinaus 46 % an, auf einen Geschäftswagen verzichten zu können, diesen Vorsatz setzten jedoch nur knapp 10 % der Teilnehmenden um. Ob dies an mangelnden Angeboten der Arbeitgebenden oder doch an der Motivation der Mitarbeitenden liegt, wird in der angeführten Studie leider nicht deutlich. Ein weiterer Vorteil, den die Einführung von Jobrädern für die Arbeitgebenden mitbringt, ist ein weiteres Alleinstellungsmerkmal gegenüber der Konkurrenz. Wie schon oben beschrieben, steigen die Erwartungen der Arbeitnehmenden an ihre Jobs und Firmen müssen zusehen, wie sie ihre Attraktivität erhöhen. Besonders der Fachkräftemangel und der steigende Wunsch an individuellen

---

[1] Umweltbewusstsein von Arbeitgebern bewerbungsrelevant – Newsroom.

S. Auer (✉)
Solingen, Deutschland

Benefits spricht dafür, dass Arbeitgebende Angebote wie Jobräder einführen. Und schließlich profitieren beide Seiten von der Gesundheitsförderung durch die sportliche Bewegung an der frischen Luft. Dadurch dürften z. B. die Krankenstände sinken.

Die größte Leasinggesellschaft ist Jobrad aus Freiburg. Im folgenden Abschnitt werden zwei kleinere Anbietende für Jobräder exemplarisch vorgestellt und ihre individuellen Vor- und Nachteile für Arbeitgebende und Arbeitnehmende herausgearbeitet. Das erste vorgestellte Unternehmen mit Sitz in München heißt „*company bike*". Es bietet seit 2012 einen „Rundum-sorglos Service" für Firmenrad-Leasing, bei dem den Arbeitgebenden keinerlei Kosten entstehen. Lediglich die Mitarbeitenden bezahlen eine monatliche Leasingrate, die bis zu 50 % geringer sein kann als bei einem Privatkauf. Die genaue Berechnung variiert dabei anhand der Steuerklasse des Mitarbeitenden und muss individuell berechnet werden. Das Leasing ist für einen Zeitraum von 36 Monaten angelegt und bietet dem Mitarbeitenden im Anschluss die Möglichkeit, das Rad zu übernehmen. *company bike* bietet außerdem eine große Auswahl an Rädern an, so etwa verschiedene Trekking-, Renn-, City-, Falt-, Lastenräder sowie E-Bikes und Mountainbikes. Die Stadt München und das Europäische Patentamt gehören zu den Partnern von *company bike*.

Ein weiteres Unternehmen ist „*Dance*". Das Berliner Unternehmen bietet drei verschiedene Kostenmodelle für Unternehmen an. Dabei kann der Arbeitgebende entweder wählen, ob das Rad den Mitarbeitenden als Benefit angeboten wird und diesen somit keine Kosten entstehen. Im zweiten Modell wird das Rad über eine Gehaltsumwandlung zum Teil vom Arbeitnehmenden und zum Teil vom Arbeitgebenden bezahlt. In der letzten Variante trägt der Arbeitgebende lediglich die Mitgliedschaft und der Arbeitnehmende zahlt den Rest. In jedem Fall schließt das Unternehmen eine Mitgliedschaft bei *Dance* ab und zahlt einen monatlichen Mitgliedsbeitrag. Sobald dieser Rahmenvertrag abgeschlossen wurde, kann das Unternehmen mit dem Arbeitnehmenden einen Vertrag über ein Leasingrad abschließen und der Mitarbeitende kann im Anschluss sein Rad bestellen. *Dance* bietet jedoch nur eine geringe Auswahl mit zwei verschiedenen E-Bikes und einem E-Roller an.

Eine andere Variante für Jobräder wird exemplarisch am Beispiel von „MVG Rad Job" vorgestellt. Die Münchener Verkehrsgesellschaft (MVG) bietet an über 300 Verleihstandorten Fahrräder zum Verleih in und um München an. Das Rad kann an einer beliebigen Station ausgeliehen werden und an jeder anderen Station oder in definierten Bereichen abgestellt werden. Ziel ist es, gerade die letzten Kilometer der Kunden zu erleichtern. So kann z. B. am Bahnhof ein Rad ausgeliehen werden und am Zielort wieder abgeben werden. Arbeitgebende können eine eigene Station mit eigenem *Branding* an ihrem Firmenstandort aufbauen lassen, hierbei können sie aus drei verschiedenen Größen selbst wählen. Der Verleih funktioniert entweder über eine App oder eine RFID-Karte, die den Mitarbeitenden ausgehändigt wird. Je nachdem, ob die Arbeitgebenden die private Nutzung der Räder freigeben möchten oder nicht, gibt es verschiedene Kostenmodelle. Bei einer rein dienstlichen Nutzung entstehen für den Arbeitnehmenden keine Kosten. Der Arbeitgebende zahlt pro Monat und Chipkarte einen festen Kostensatz (1,25 €). Ergänzt werden diese fixen Kosten durch einen Tarif, der sich nach den gefahrenen Minuten der Mitarbeitenden richtet (0,08 € pro Minute). Wird die private Nutzung mit abgedeckt, dann erhöht sich der monatliche Fixbetrag pro Nutzer für den Arbeitgebenden. Dafür entstehen keine variablen Kosten für den Arbeitgebenden, da jedem Nutzer 30 Freiminuten pro Tag zur Verfügung gestellt werden. Alles, was über die Freiminuten hinausgeht, müssen die Arbeitnehmenden für einen geringen Tarif (0,05 € pro Minute) selbst zahlen. Je mehr Arbeitnehmende am zweiten Modell teilnehmen, desto geringer werden die Fixkosten pro Nutzer für den Arbeitgebenden. Der Minutentarif bleibt jedoch konstant.

Abschließend lässt sich festhalten, dass die Wahl des Fortbewegungsmittels sowohl als Ausdruck der persönlichen als auch der unternehmerischen Identität verstanden werden kann. Die Nutzung bzw. das Angebot eines Jobrads ermöglicht eine nachhaltige und fortschrittliche Außenpräsentation. Außerdem können Jobräder genutzt werden, um die extrinsische Motivation zu erhöhen sowie die Bindung der Mitarbeitenden an das Unternehmen zu stärken. Besondere Chancen liegen dabei in der Nutzung von E-Bikes.

Radverkehr in der städtischen und ländlichen Entwicklung

9

Regina Linke und Hans-Joachim Linke

Inhaltsverzeichnis

9.1	Entstehen von Mobilitätsbedürfnissen	37
	9.1.1 Wohnort – Leben und Arbeit	37
	9.1.2 Wohnort – Versorgungseinrichtungen	38
9.2	Wohnort – Freizeit und Erholung	40
9.3	Verkehrsmittel im Personennahverkehr	41
	9.3.1 Motorisierter Individualverkehr	42
	9.3.2 Nichtmotorisierter Individualverkehr	42
9.4	Öffentlicher Personennahverkehr	44
	9.4.1 Schienenpersonennahverkehr	44
	9.4.2 Straßenpersonennahverkehr	45
9.5	Einflussfaktoren auf die Verkehrsmittelwahl	46
9.6	Das Fahrrad im Vergleich zu anderen Verkehrsmitteln	46
9.7	Verkehrsmanagement und Verhaltensänderung von Menschen	49
9.8	Beeinflussung der Verkehrsmittelwahl	49
	9.8.1 Information und Bildung	50
	9.8.2 Ge- und Verbote	50
	9.8.3 Anreize und Förderung	51
9.9	Radverkehr im städtischen und ländlichen Raum	51
	9.9.1 Städtische Räume	51
	9.9.2 Ländliche Räume	55
9.10	Ausbaustandards von Radwegen	57
9.11	Ausblick	59

Das Fahrrad gehört zu den umweltfreundlichsten Verkehrsmitteln und bietet gleichzeitig die Möglichkeit zur Gesundheitsförderung. Die bisher noch geringe Nutzung soll im Rahmen der Umsetzung der Verkehrswende gesteigert werden. Dazu muss die

---

R. Linke · H.-J. Linke (✉)
Technische Universität Darmstadt, Darmstadt, Deutschland
E-Mail: regina.linke@tu-darmstadt.de; hans-joachim.linke@tu-darmstadt.de

Fahrradnutzung räumlich attraktiver gestaltet werden. Hierzu sind die Vor- und Nachteile gegenüber anderen Verkehrsmitteln zu verdeutlichen. Zunächst wird dazu auf die Entstehung des Mobilitätsbedürfnisses im Allgemeinen eingegangen sowie das Fahrrad bzw. Pedelec in die Gruppe der Verkehrsmittel entsprechend seinen Eigenschaften eingeordnet. Unter Berücksichtigung der Einflussfaktoren auf die Verkehrsmittelwahl wird im nächsten Schritt das Fahrrad im Vergleich zu anderen Verkehrsmitteln bewertet. Anschließend wird auf Maßnahmen des Verkehrsmanagements zur Beeinflussung von Verhaltensänderungen von Personen eingegangen. Insbesondere werden mögliche Informationsstrategien, Ge- und Verbote, aber auch Anreiz- und Fördersysteme erläutert. Weiterhin werden aktuelle Konzepte der städtischen und ländlichen Entwicklung aufgezeigt und wie mit diesen dem Fahrrad als individuellem Verkehrsmittel eine stärkere Bedeutung beigemessen werden kann.

Die städtische und ländliche Entwicklung muss derzeit eine Vielzahl von Herausforderungen bewältigen. Dies sind zum einen der Klimawandel (IPCC 2023) und zum anderen die Anpassung des Gebäudebestands an den lokal unterschiedlichen Bedarf an Wohnraum (BMWSB 2023) und Gewerbefläche (DZ Hyp 2023). Um den negativen Folgen des Klimawandels zu begegnen, sind einerseits Klimaschutz und andererseits Klimaanpassungsmaßnahmen (Birkmann und Blätgen 2018) erforderlich.

Zu den Maßnahmen des Klimaschutzes gehört die Energiewende, indem einerseits der Energiebedarf der Gesellschaft grundsätzlich reduziert und andererseits der verbleibende Energiebedarf durch erneuerbare Energien gedeckt wird (Short et al. 2009). Dies betrifft auch den Verkehrssektor, indem solche Verkehrsmittel verstärkt zum Einsatz kommen sollen, die entweder keinen über die Leistung des Nutzenden hinausgehenden weiteren Energiebedarf haben und ansonsten fossile Brennstoffe durch erneuerbare Energien ersetzt werden.

Aktuell können sich die meisten Menschen den eigenen Personenkraftwagen (Pkw) wirtschaftlich leisten, der ihnen grundsätzlich die Möglichkeit gibt, jederzeit ihren individuellen Mobilitätsbedarf zu decken. Mögliche Einschränkungen bestehen lediglich durch ein zeitweises hohes Verkehrsaufkommen und dadurch eintretender erhöhter Zeitaufwand bzw. fehlende Möglichkeiten des Abstellens des Pkw wegen fehlendem Parkraum. Maßnahmen, die die Verkehrsdichte weiter erhöhen (z. B. durch Reduzierung der Anzahl der Fahrbahnen einer Straße) bzw. den Parkraum reduzieren oder verteuern (z. B. durch Einführung eines Parkraummanagementsystems), werden daher von den Menschen mit eigenem Pkw zumeist kritisch gesehen (Dörre et al. 2023).

Die Nutzung des eigenen Pkw führt zu keinen unmittelbar spürbaren Auswirkungen des Klimawandels für den Einzelnen. Daher negieren im Extremfall einzelne Bevölkerungsgruppen den anthropogen verursachten Klimawandel und begründen damit ihre fehlende Bereitschaft zur veränderten Deckung ihres Mobilitätsbedarfs. Andere Bevölkerungsgruppen sind bereit, von einem mit fossilen Brennstoffen betriebenen Pkw auf einen mit erneuerbaren Energien betriebenen Pkw zu wechseln und wurden bzw. werden hierbei durch den Staat wirtschaftlich unterstützt. Hierdurch reduzieren sich zwar klimaschädliche Immissionen, der Flächenbedarf verändert sich aber nicht. Dadurch fehlen Flächen, die vor allem in städtischen Regionen für Klimaanpassungsmaßnahmen erforderlich sind.

Daher bedarf es in der städtischen Entwicklung der Bereitstellung von Flächen, zur Vermeidung von Hitzeinseln, zur Bereitstellung von Niederschlagsspeichern und von Überflutungsflächen möglichst in multifunktionaler Nutzung, um sich an die Auswirkungen des Klimawandels mit seinen längeren Hitze- und Trockenphasen sowie Starkregenereignissen anzupassen (Deutscher Städtetag 2019). Wenn im städtischen Raum zeitgleich ein Bedarf an zusätzlichen Wohn- und Gewerbeflächen besteht, der durch innerörtliche Entwicklungen gedeckt werden soll, müssen die vorhandenen Flächen anderen Nutzungen zumindest teilweise entzogen werden. Dies ist im Bereich der Mobilität nur möglich, wenn statt Verkehrsmitteln mit hohem Flächenbedarf je Einwohner zukünftig verstärkt Verkehrsmittel mit geringerem Flächenbedarf zum Einsatz kommen, damit die frei werdende Fläche für den neuen Flächenbedarf zur Verfügung stehen (Buhl 2021). Der ländliche Raum erfordert von den Bewohnern im Vergleich zum städtischen Raum die Überwindung größerer Distanzen bei gleichzeitig geringerer Nutzerdichte, so dass dort grundsätzlich ein erhöhter Bedarf an Individualverkehr besteht, da der öffentliche Personennahverkehr nur eingeschränkt wirtschaftlich betrieben werden kann. Dementsprechend muss die Nachfrage nach Individualverkehr dort zukünftig stärker umweltfreundlich ausgerichtet werden.

Die insofern erforderliche Verkehrswende (Hampel et al. 2024), mit der einerseits der Energiebedarf reduziert sowie durch erneuerbare Energien gedeckt und gleichzeitig bisher für Verkehrsmittel zur Verfügung stehende Flächen bereitgestellt werden, erfordert ein verändertes Mobilitätsverhalten der Menschen, indem zukünftig Verkehrsmittel genutzt werden, die beiden Zielen Rechnung tragen. Hier kommt dem Radverkehr im Personennahverkehr eine besondere Bedeutung zu, weil er einerseits den Nutzenden ein hohes Maß an Individualität ermöglicht bei gleichzeitig geringem Flächen- und Energiebedarf (BMDV 2022).

9.1 Entstehen von Mobilitätsbedürfnissen

Ein Grundbedürfnis des Menschen ist seit jeher die verkehrliche Mobilität, d. h. die Bewegung von Menschen und Gütern in Räumen. Die Erfüllung dieses menschlichen Bedürfnisses, auf die sich dieser Beitrag bezieht, ist eine Grundvoraussetzung für soziale Teilhabe (Gehl 2018; ARL 2023) sowie wirtschaftliches Wachstum und kann aus unterschiedlichen Gründen und mit verschiedenen Verkehrsmitteln erfolgen. Mobilitätsbedürfnisse von Menschen, hier verstanden sowohl hinsichtlich der Art wie auch der Distanz, ergeben sich aus verschiedenen Anlässen und gestalten sich individuell (Schwedes und Rammert 2020). Dabei sind sie von verschiedenen Faktoren wie Alter, Lebensphase und Gesundheit abhängig (siehe auch Kap. 21). Zu den wichtigsten Anlässen, aus denen sich ein Mobilitätsbedarf von Menschen ergibt, gehören:

9.1.1 Wohnort – Leben und Arbeit

Während früher Wohnort und Arbeitsort häufig in räumlich enger Nachbarschaft oder sogar am selben Standort lagen, ist dies heutzutage regelmäßig nicht mehr gegeben. Vielmehr ist festzustellen, dass größere Distanzen zwischen Wohnort und

Arbeitsort akzeptiert werden, bei gleichzeitig häufigerem Wechsel des Arbeitsplatzes. Die Bereitschaft, größere Distanzen zwischen Wohnort und Arbeitsort zu akzeptieren, steigt bei Personen mit höherer Bildung und mit zunehmendem Alter. Personen mit höherer Bildung nutzen so Aufstiegsmöglichkeiten im weiteren Einzugsbereich des Wohnortes, während ältere Personen eine höhere örtliche Bindung aufweisen und daher Verlagerungen des Wohnortes in die Nähe des neuen Arbeitsortes vermeiden (Ganesch et al. 2022). Dementsprechend ergibt sich ein erhöhter Mobilitätsbedarf innerhalb einer Metropolregion wie auch zwischen ländlichen Räumen und Metropolregionen mit hohen Arbeitsplatzdichten.

9.1.2 Wohnort – Versorgungseinrichtungen

Unter Versorgungseinrichtungen werden sowohl solche zum Erwerb von Gütern zur Deckung des täglichen bzw. mittel- und langfristigen Bedarfs verstanden (z. B. Geschäfte zum Erwerb von Lebensmitteln, Bekleidung, Einrichtungsgegenständen) wie auch öffentliche und private Dienstleistungen, im Folgenden vertieft für Bildungseinrichtungen, Einrichtungen der medizinischen Versorgung sowie Bank- und postalischen Dienstleistungen. Ausgenommen sind hier Einrichtungen, die der Freizeit und Erholung dienen (siehe Wohnort – Freizeit und Erholung).

Einrichtungen zum Erwerb von Gütern zur Deckung des täglichen bzw. mittel- und langfristigen Bedarfs
Durch ein verändertes Kaufverhalten, einschließlich Mobilitätsverhalten, verlagern sich die Einrichtungen zur Deckung des täglichen Bedarfs, insbesondere bei geringer Bevölkerungsdichte, aus den historischen Ortszentren in Einkaufszentren im Ortsrandbereich (z. B. SB-Warenhäuser und Verbrauchermärkte, Lebensmittel-Discounter und Supermärkte), in ländlichen Räumen fokussiert auf zentrale Ortsteile. Dadurch erhöht sich die Distanz zwischen Wohnort und diesen Einrichtungen und damit der Anreiz, sich des motorisierten Individualverkehrs zu bedienen. Damit reduziert sich die Häufigkeit des Besuchs dieser Einrichtungen bei gleichzeitig steigender Menge der erworbenen Produkte je Besuch und dadurch erhöhtem zu transportierendem Volumen. Insofern hängt die Nutzung des Fahrrads von der Erreichbarkeit solcher Einkaufsmöglichkeiten ab, wobei im ländlichen Raum im Durchschnitt größere Distanzen zu überwinden sind als in städtischen Räumen.

Bei Gütern des mittel- und langfristigen Bedarfs, die früher üblicherweise konzentriert in größeren Ortszentren angesiedelt waren, führt das veränderte Kaufverhalten durch Nutzung des digitalen Handels einerseits zu einer vollständigen Aufgabe von Geschäften und andererseits zu einer Verlagerung in den Bereich von Einkaufszentren am Ortsrand. Beim digitalen Handel reduziert sich der Mobilitätsbedarf der Kaufenden bei einem gleichzeitigen Anstieg des Mobilitätsbedarfs für die erworbenen Güter. Durch die Verlagerung von Geschäften in die Bereiche von Einkaufszentren am Ortsrand erhöht sich nicht zwingend die Distanz zum Wohnort. Vielmehr konzentrieren sich die Einkäufe des täglichen Bedarfs und des mittel- und langfristigen Bedarfs in solche Einkaufszentren am Ortsrand. Auch dies begünstigt die Nutzung des motorisierten Individualverkehrs. Die Nutzung des Fahrrads wird von der Distanz zu entsprechenden

Einkaufsmöglichkeiten abhängen und den zur Verfügung stehenden Radfahrinfrastrukturen. Im ländlichen Raum werden die Distanzen durchschnittlich noch einmal größer sein als in städtischen Räumen aufgrund der geringeren Dichte des Einkaufsangebots.

Bildungseinrichtungen
Die Distanzen zwischen Wohnort und Bildungseinrichtung steigen grundsätzlich mit der Größe des räumlichen Einzugsbereichs einer Bildungseinrichtung, um so deren Auslastungen sicherzustellen.

Bei Kindergärten bzw. Kindertagesstätten sollte eigentlich der Bedarf eines engen räumlichen Einzugsbereichs gedeckt werden, möglichst in fußläufiger Entfernung. Aufgrund des aktuell häufig vorzufindenden Unterangebots an Plätzen in Kindergärten bzw. Kindertagesstätten im städtischen Bereich ergeben sich häufiger größere Distanzen zum Wohnort bzw. Arbeitsort. Um solche Distanzen mit dem Fahrrad und ohne die Nutzung motorisierten Individualverkehrs bewältigen zu können, sind Radfahrinfrastrukturen erforderlich, die eine sichere Bewältigung ermöglichen.

In ländlichen Räumen, vor allem solchen mit sinkenden Bevölkerungszahlen, findet wegen Unterauslastung ein Konzentrationsprozess bei den Standorten von Kindergärten bzw. Kindertagesstätten statt, sodass die Distanzen steigen. Bestehen keine Angebote des öffentlichen Personennahverkehrs (ÖPNV), die den Transport der Kinder von den im Raum verteilt liegenden Siedlungen zur Betreuungsstätte sicherstellen, wird regelmäßig der motorisierte Individualverkehr genutzt. Eine Nutzung des Fahrrads kann dadurch begünstigt werden, dass zumindest für den näheren Einzugsbereich entsprechende Radverkehrsinfrastrukturen bereitgestellt werden.

Bei Grundschulen, weiterführenden Schulen sowie Berufsschulen sollte grundsätzlich angestrebt werden, dass diese mit dem Fahrrad erreichbar sind. Allerdings erfolgen Konzentrationsprozesse in ländlichen Räumen aufgrund sinkender Bevölkerungszahlen auch im Bereich von Grundschulen, weiterführenden Schulen sowie Berufsschulen. Damit steigen auch dort die räumlichen Distanzen zwischen Wohnort und Bildungseinrichtung. Dementsprechend wird dort die Fahrradnutzung unattraktiver, wenn nicht entsprechende Radverkehrsinfrastrukturen zumindest für den näheren Einzugsbereich eines Schulstandortes bereitgestellt werden.

In städtischen Räumen ist die Anzahl der Standorte bei Grund- und weiterführenden Schulen weitgehend stabil und aufgrund der historischen Entwicklung weitgehend bedarfsgerecht über den Siedlungsraum verteilt. Hier können sich die räumlichen Distanzen zwischen Wohnort und Bildungseinrichtung vergrößern, wenn aus unterschiedlichen Gründen nicht die räumlich nächstgelegene Bildungseinrichtung, sondern eine weiter entfernt liegende gewählt wird.

Bei Hochschulen zeichnet sich in einigen Bundesländern (z. B. Bayern) die Tendenz ab, solche auch in stärker ländlich ausgerichteten Regionen zu etablieren, um so der Bevölkerung in der Region ein entsprechendes Bildungsangebot zu unterbreiten und damit die Distanz zwischen Wohnort und Hochschule zu reduzieren. Dies führt dann regelmäßig zu einem höheren Mobilitätsbedarf, wenn eine Verlagerung des Wohnortes an den Hochschulstandort nicht mehr erforderlich wird. Hier können durch Bereitstellung entsprechender Radverkehrsinfrastrukturen für den engeren Einzugsbereich der Nutzung des motorisierten Individualverkehrs entgegengewirkt werden.

Einrichtungen der medizinischen Versorgung
Zu den Einrichtungen der medizinischen Versorgung gehören die Versorgung mit Haus- und Fachärzten, Krankenhäusern und Kliniken sowie ergänzenden Dienstleistungen wie Apotheken oder Physiotherapiepraxen.

In Regionen mit sinkenden Bevölkerungszahlen stehen all diese Einrichtungen vor Auslastungsproblemen, sodass dort ein Konzentrationsprozess erfolgt. Dieser wird durch fehlenden beruflichen Nachwuchs und veränderte Bereitschaft zur Berufsausübung (z. B. freiberufliche Tätigkeit bei Ärztinnen und Ärzten) verstärkt. Daher vergrößert sich für viele Bewohnende ländlicher Räume die Distanz zwischen Wohnort und Einrichtungen der medizinischen Versorgung.

Aber auch Regionen mit konstanten oder steigenden Bevölkerungszahlen erfahren durch den vorstehend geschilderten fehlenden beruflichen Nachwuchs und die veränderte Bereitschaft zur Berufsausübung einen Konzentrationsprozess bei medizinischen Versorgungseinrichtungen, wenn auch die Distanzen zwischen Wohnort und entsprechenden Einrichtungen sich nicht in dem Umfang vergrößern wie in ländlichen Räumen.

Durch verbesserte Angebote beim Radverkehr wird sich eine entsprechend stärkere Nutzung des Fahrrads allenfalls geringfügig erreichen lassen, da Menschen, die eine medizinische Versorgung in Anspruch nehmen, selbst ein Fahrrad in der Regel nur eingeschränkt nutzen können.

Einrichtungen von Bank- und postalischen Dienstleistungen
Durch das veränderte Nutzendenverhalten, insbesondere durch digitale Angebote, erfolgt auch bei Bank- und Poststandorten ein Konzentrationsprozess, sodass sich die Distanzen zwischen Wohnort und den Standorten solcher Dienstleistungen vergrößert. Aufgrund der üblicherweise geringeren Bevölkerungsdichte fallen die Distanzen in ländlichen Räumen größer aus als in städtischen Räumen. Dementsprechend wird sich die Nutzung des Fahrrads nur im engeren Einzugsbereich von solchen Angeboten durch Bereitstellung entsprechender Radverkehrsinfrastrukturen erreichen lassen.

9.2 Wohnort – Freizeit und Erholung

Unter Einrichtungen, die der Freizeitgestaltung und Erholung dienen, werden Kultureinrichtungen (z. B. Theater, Kino), Sportstätten (z. B. Sporthallen, Sportplätze, Schwimmbäder) und Grünflächen (z. B. innerstädtische Grünanlagen und Parks, die offene Landschaft außerhalb des Siedlungsbereichs) zusammengefasst.

Kultureinrichtungen
Kultureinrichtungen sind in ländlichen Räumen, wenn überhaupt, im Vergleich zu städtischen Räumen in der Regel nur in größeren Distanzen zum Wohnort anzutreffen. Auch in städtischen Räumen ist die Dichte von Angeboten eher gering und die Standorte werden regelmäßig durch ÖPNV-Haltepunkten erschlossen. Dementsprechend spielt die Nutzung des Fahrrads hier nur eine eingeschränkte Rolle.

Sportstätten
In ländlichen Räumen sind Sportplätze in der Regel in enger räumlicher Nachbarschaft zu jeder Siedlung anzutreffen, wenn auch aufgrund von Lärmemissionen nicht in den Siedlungen. Die dort regelmäßig ausgeübte Sportart Fußball bedeutet häufig einen großen sozialen Zusammenhalt für die Siedlungsgemeinschaft. Die Anbindung ist dabei für Fahrradfahrende über das bestehende Straßennetz nahezu immer gegeben und das Fahrrad wird im Kinder- und Jugendbereich auch häufig als Verkehrsmittel genutzt. Gleiches gilt für andere Sportarten, die auf sportartspezifische, eigene Infrastrukturen angewiesen sind (z. B. Sportschützen). Hallensportarten, insbesondere solche mit spezifischen Raumansprüchen, finden sich im ländlichen Raum in der Regel in der Kombination mit Schulstandorten, um so eine multifunktionale Nutzung zu gewährleisten. Damit entspricht deren verkehrliche Anbindung der der Schulen.

In städtischen Räumen ist das Sportangebot größer und vielfältiger, sodass nicht unbedingt das dem Wohnort nahe liegende Sportangebot genutzt wird. Dadurch kann dort ein größerer Mobilitätsbedarf entstehen, dem aber auch ein größeres Angebot an Verkehrsmitteln, insbesondere im Bereich des ÖPNV gegenübersteht. Dementsprechend hängt die Nutzung des Fahrrads von einer entsprechenden Radverkehrsinfrastruktur ab.

Grünflächen
In ländlichen Räumen ist die Distanz zur offenen Landschaft aufgrund der geringen Siedlungsgrößen regelmäßig geringer als in städtischen Räumen. In der Regel ist die offene Landschaft fußläufig erreichbar. Der Radverkehr erlangt hier als unmittelbare Freizeitaktivität in der offenen Landschaft größere Bedeutung.

Im städtischen Raum kommt es auf die Dichte von innerstädtischen Grünanlagen und Parks im Siedlungsbereich an, die je nach Entstehungszeitraum einzelner Stadtquartiere sehr unterschiedlich ausfällt. Nachträglich lassen sich größere innerstädtische Grünanlagen selten einrichten. Dies ist unter Umständen bei der Aufgabe großflächiger Nutzungen (z. B. Gewerbe- und Industrieflächen) möglich, wenn hier neue Nutzungen (z. B. Wohnbebauung) realisiert werden, die die Einrichtung größerer Grünflächen ermöglichen. Das Fahrrad dient hier der Erreichung solcher Grünflächen, um dort anderen Aktivitäten nachzugehen. Um hier den Anteil des Radverkehrs zu erhöhen, sind entsprechende Radverkehrsinfrastrukturen erforderlich (z. B. Stellplätze).

9.3 Verkehrsmittel im Personennahverkehr

Zur Deckung des Mobilitätsbedürfnisses stehen den Menschen grundsätzlich verschiedene Verkehrsmittel zur Verfügung, wobei hier der Wohnstandort (städtischer oder ländlicher Raum) und die wirtschaftliche Situation eines Menschen dessen Möglichkeiten zur alternativen Nutzung von Verkehrsmitteln beeinflussen können. Dabei gestaltet sich das Angebot an möglichen Verkehrsmitteln dynamisch, so wie sich die Nachfrage entsprechend neuen Möglichkeiten entwickelt.

Im Folgenden werden die verschiedenen Verkehrsmittel des Personennahverkehrs nach motorisiertem und nicht motorisiertem Individualverkehr sowie öffentlichem Personennahverkehr gruppiert, kurz beschrieben und die jeweiligen Nutzungsbedingungen (Kosten, ökologische Auswirkungen, Wetterabhängigkeit, Topografie, Sicherheit, Gesundheit, Zeitaufwand, städtischer und ländlicher Raum) benannt.

9.3.1 Motorisierter Individualverkehr

Zum motorisierten Individualverkehr (Holz-Rau 2018) gehören sowohl Pkw sowie Motorräder, wobei Letztgenannte eher selbst als Freizeitaktivität und seltener zum Erreichen der o. g. Mobilitätsziele genutzt werden. Dies gilt auch für spezifische Arten von Pkw (z. B. Oldtimer, sehr hochpreisige Pkw, Cabriolets).

Pkw haben den Vorteil, dass mit ihnen nahezu alle, auch weit entfernte Ziele ohne zeitliche oder wetterbedingte Einschränkungen erreicht werden können. Sie bieten damit den Nutzenden die größte Freiheit bei gleichzeitig hohem Komfort. Sie benötigen dabei im Vergleich zu anderen Verkehrsmitteln die meisten Ressourcen und führen aufgrund der in der Regel geringen Anzahl an zeitgleichen Nutzenden zu den höchsten negativen ökologischen Auswirkungen je zurückgelegtem Kilometer und je Person. Gleichzeitig erfordern Pkw den höchsten Finanzmitteleinsatz, sodass sie aus wirtschaftlichen Gründen nicht von allen Bevölkerungsgruppen genutzt werden können. Dies gilt insbesondere, wenn sie spezifisch von einem oder einer kleinen Gruppe von Menschen genutzt werden.

Die negativen ökologischen Auswirkungen können reduziert werden, wenn statt fossiler Brennstoffe zum Antrieb des Pkw klimaneutrale Energien bzw. Energieträger, z. B. Elektrizität bzw. zukünftig Wasserstoff, eingesetzt werden, die wiederum selbst aus erneuerbaren Energiequellen (z. B. Photovoltaik, Windkraft) gewonnen werden.

Die dem einzelnen Nutzenden entstehenden Kosten für die Nutzung eines Pkw kann reduziert werden, wenn ein Pkw einer Vielzahl von Nutzenden zur Verfügung steht (z. B. Car-Sharing) oder durch mehr Nutzende auf einzelnen Strecken genutzt wird (z. B. Mitfahrgelegenheit) und damit der auf den einzelnen Nutzenden entfallende Fixkostenanteil sinkt.

9.3.2 Nichtmotorisierter Individualverkehr

Zum nichtmotorisierten Individualverkehr (Holz-Rau 2018) gehören das Zufußgehen und das Fahrradfahren.

Fußverkehr
Der Fußverkehr wird ohne technische Hilfsmittel umgesetzt, wenn von Gehhilfen (z. B. Beinprothesen, Krücken, Stöcken oder Rollatoren) abgesehen wird. Gleichwohl deckt das Zufußgehen wichtige Teile der Mobilitätsbedürfnisse ab. Einerseits können hiermit Distanzen zwischen Standorten unterschiedlicher Verkehrsmittel oder zwischen dem eigenen Standort und dem Standort eines Verkehrsmittels (z. B. vom Wohnort zur Bushaltestelle) zurückgelegt werden. Andererseits können nahe liegende Ziele ohne

Nutzung von Verkehrsmitteln vom aktuellen Standort (z. B. Wohnstandort) aus erreicht werden. Zufußgehen fördert grundsätzlich die körperliche Gesundheit des Menschen und verursacht eher geringe ökologische Nachteile (z. b. indirekt, wenn Fußwege so befestigt werden, dass Niederschlagswasser nicht versickern kann). Zufußgehende können pro Zeiteinheit nur kurze Strecken zurücklegen. Sie sind dabei dem Wetter weitgehend ausgesetzt. Durch den Einsatz von Schutzkleidung kann dies teilweise kompensiert werden. Besondere Schutzbekleidungen zur Vermeidung von Verletzungen im Falle von Unfällen sind aufgrund der geringen Höchstgeschwindigkeit nicht erforderlich. Damit sind die durch Zufußgehende entstehenden Kosten eher gering und sie können grundsätzlich unabhängig externer Einflüsse ihre Aktivität starten.

Radverkehr
Zum Radverkehr gehören neben nicht motorisierten Fahrrädern auch solche, die mit Hilfsmotoren angetrieben werden. Dabei wird unterschieden, ob ein solcher Hilfsmotor den Benutzenden bei der Benutzung der Pedale unterstützt (Pedelec) oder unabhängig vom Benutzen der Pedale auf Knopfdruck das Fahrrad antreibt (E-Bike). In Abhängigkeit davon, welche Höchstgeschwindigkeit mit dem Hilfsmotor erreicht werden kann, ist eine Zulassungs- und Versicherungspflicht, eine Schutzhelmpflicht sowie der Besitz einer Fahrerlaubnis erforderlich. In der Vergangenheit wurden solche Hilfsmotoren regelmäßig mit fossilen Brennstoffen betrieben, heute steigt die Zahl der mittels Elektrizität angetriebenen Hilfsmotoren.

Um im geringen Umfang Güter oder auch Menschen mit dem Fahrrad transportieren zu können, finden entsprechende Packtaschen (s. Kap. 23), Anhänger und auch spezielle Lastenräder Anwendung (s. Kap. 12).

Zur Gruppe der Fahrräder können auch nicht motorisierte Skateboards sowie meist mit Elektromotor angetriebene E-Roller, Segways und Solowheels gezählt werden. Zur Befriedigung von Mobilitätsbedürfnissen spielen aber nur E-Roller, Pedelecs und E-Bikes eine gewisse Rolle. Die übrigen Verkehrsmittel dienen meist Freizeitaktivitäten einschließlich sportlicher Betätigung an einem Standort.

Damit Fahrräder auch nur zeitweise und für spezifische Zwecke sowie für in der Regel kürzere Strecken zur Verfügung stehen, können an Standorten mit entsprechender Nachfrage diese auch zur befristeten Nutzung (Bike-Sharing) zur Verfügung stehen.

Soweit diese Gruppe der Fahrräder der Deckung von Mobilitätsbedürfnissen dienen, können pro Zeiteinheit gegenüber dem Zufußgehen zwar längere Strecken zurückgelegt werden, aber in der Regel nur kürzere gegenüber der Nutzung eines Pkw. Fahrräder, mit denen höhere Geschwindigkeiten gefahren werden können, erreichen eine größere Reichweite als solche mit geringeren Höchstgeschwindigkeiten. Darüber hinaus sind die Nutzenden dem Wetter weitgehend ausgesetzt. Durch den Einsatz von Schutzkleidung kann dies teilweise kompensiert werden (siehe Abschn. 23.3). Aufgrund der gegenüber Zufußgehenden höheren Geschwindigkeit ist bei Fahrradfahrenden Schutzbekleidung (vor allem ein Fahrradhelm, siehe Kap. 16) zur Vermeidung von Verletzungen im Falle von Unfällen mindestens sinnvoll und wie oben genannt teilweise erforderlich. Fahrradfahrenden entstehende Kosten sind gegenüber Zufußgehenden deutlich höher und steigen mit der Art der

Motorisierung und der damit erreichbaren Geschwindigkeit. Ihre Aktivitäten können Fahrradfahrende grundsätzlich unabhängig von externen Einflüssen starten.

Durch die körperliche Aktivität bei der Nutzung von Fahrrädern (eingeschränkt bei Pedelecs und noch mehr bei E-Bikes) fördert deren Nutzung die Gesundheit der Fahrradfahrenden, wenn nicht die Umweltbedingungen ungünstig sind, z. B. aufgrund von Luftverschmutzung. Durch die Flexibilität des Fahrradfahrenden kann dieser solche negativen Einflüsse durch Wahl einer anderen Route (z. B. Nebenstraße statt Hauptverkehrsstraße) zumindest reduzieren.

Sind besondere topografische Bedingungen, wie extreme Steigungen und Gefälle, gegeben, kann die Nutzung von Pedelecs bzw. E-Bikes die Nutzung eines Fahrrads ermöglichen, insbesondere bei Menschen mit gesundheitlichen Einschränkungen.

Grundsätzlich stehen Fahrräder einschließlich Pedelecs, E-Bikes und E-Roller im ländlichen und städtischen Raum uneingeschränkt zur Verfügung. Lediglich Sharing-Angebote sind im ländlichen Raum seltener vertreten als in städtischen Räumen. Durch die umfassende Ausstattung mit Straßen sowohl im städtischen wie auch im ländlichen Raum, hier unter Hinzuziehung des häufig gut ausgebauten landwirtschaftlichen Wegenetzes, steht einer Nutzung von Fahrrädern in allen Räumen grundsätzlich nichts entgegen. Ausnahmen bilden durch Pkw und Lkw intensiv befahrene Straßen, die das Risiko einer Verunfallung erhöhen.

9.4 Öffentlicher Personennahverkehr

Unter öffentlichem Personennahverkehr (Schiefelbusch 2018) wird in Deutschland die allgemein zugängliche Beförderung von Personen mit Verkehrsmitteln des Linienverkehrs verstanden, die überwiegend dazu bestimmt ist, die Verkehrsnachfrage im Stadt-, Vorort- und Regionalverkehr zu befriedigen (Gesetz zur Regionalisierung des öffentlichen Personennahverkehrs-Regionalisierungsgesetz RegG). Unterschieden wird im Weiteren vor allem der Schienen- und der Straßenpersonennahverkehr.

9.4.1 Schienenpersonennahverkehr

Unter Schienenpersonennahverkehr werden im Folgenden Regionalbahnen (einschließlich S-Bahn, Regional-Express usw.) verstanden.

Regionalbahnen übernehmen die Aufgabe, größere Siedlungen in einer Region mit schienengebundenem Personennahverkehr zu erschließen und diese ggf. an eine zentrale Siedlungseinheit (z. B. größere Stadt) anzubinden. Dabei ist der Einzugsbereich der Haltestelle einer Regionalbahn in der Regel größer dimensioniert, sodass außer Zufußgehen weitere Verkehrsmittel erforderlich sind, um die Haltestelle zu erreichen. Dementsprechend wird dort ein Übergangspunkt (sogenannter Mobility Hub) benötigt, der die für die unterschiedlichen, genutzten Verkehrsmittel notwendigen Infrastrukturen bereitstellt (z. B. Fahrradständer, Parkraum, Ladeinfrastrukturen, *Sharing*-Angebote).

Die Nutzung von Regionalbahnen wird durch die Häufigkeit des Angebots, die Leichtigkeit der Erreichbarkeit des eigenen Ziels ggf. durch Nutzung mehrerer, verschiedener Verkehrsmittel und entstehende Kosten bestimmt. Sie werden in der Regel in solchen Räumen angeboten, in denen die Bevölkerungszahl im Einzugsbereich eine Auslastung der Regionalbahn erwarten lässt, ggf. mit der Zielrichtung, zusätzliche Nutzende zur Nutzung anzuhalten. Dadurch ist die Dichte von Haltepunkten im ländlichen Raum eher geringer als in städtischen Räumen.

Häufig wird die Mitnahme von Fahrrädern in der Regionalbahn ermöglicht, um so einen notwendigen Zugang zu Haltstellen zu erleichtern und den Kreis der Nutzenden zu vergrößern. Allerdings lassen sich die Kapazitäten von Regionalbahnen nicht ohne größere Investitionen erhöhen, da sich aus sicherheitstechnischen Aspekten die Dichte der Zugfolge nicht beliebig erhöhen lässt und auch die Zuglänge bzw. die Höhe eines Zuges ggf. bautechnische Erweiterungen der Infrastruktur erfordern, z. B. durch eine Verlängerung der Bahnsteige bzw. durch Vergrößerung der Durchfahrthöhen von Brücken und Tunneln. Dadurch kann in Zeiten hoher Auslastung die Mitnahme von Fahrrädern in Regionalbahnen eingeschränkt sein. Weitere Erkenntnisse zum Thema Bike & Bahn finden sich in Kap. 24.

Regionalbahnen stehen grundsätzlich wetterunabhängig zur Verfügung und ermöglichen die Überwindung größerer räumlicher Distanzen in vergleichsweise kurzer Zeit, vor allem in Abhängigkeit der Anzahl von Zwischenhalten bis zur Erreichung des Ziels.

9.4.2 Straßenpersonennahverkehr

Unter straßengebundenem Personennahverkehr werden Buslinien, Straßenbahnen und die in größeren Städten teilweise vorhandenen U-Bahnen bzw. Stadtbahnen gezählt. Auf die Darstellung von Sonderformen, wie Schwebebahnen oder Wasserbussen, soll hier verzichtet werden.

Buslinien verbinden im städtischen Raum benachbarte Quartiere untereinander und zumeist mit Übergangspunkten auch andere Buslinien bzw. andere Verkehrsmittel (z. B. mit schienengebundenem Personennahverkehr). Im ländlichen Raum werden in der Regel mehrere kleinere Siedlungen miteinander und mit größeren Siedlungen verbunden. Die Kapazität von Bussen ist gegenüber Regionalbahnen eingeschränkt, sodass Buslinien bei geringeren Fahrgastzahlen eingesetzt werden. Dementsprechend sind die Einzugsbereiche um Bushaltestellen auch kleiner, sodass möglichst durch Zufußgehen eine Bushaltestelle von einem Ort im Einzugsbereich erreicht werden kann.

Die Mitnahme von Fahrrädern ist aufgrund des fehlenden Platzes im Bus nur eingeschränkt möglich und aufgrund der Dichte von Bushaltestellen auch nicht erforderlich.

Über die Anzahl und den Zeitpunkt, in dem Busse eingesetzt werden, kann dynamisch auf zeitlich schwankende Fahrgastzahlen reagiert werden. Gegenüber Straßenbahnen und Regionalbahnen lassen sich Buslinien bzw. ein Busliniennetz leichter an sich im Raum verändernden Bedarf anpassen. Soweit Straßen vorhanden sind, beschränken sich Investitionen zur Einrichtung neuer Buslinien auf das rollende Material und die Einrichtung von Haltestellen.

Im ländlichen Raum sind Buslinien häufig nur zu Stoßzeiten intensiv ausgelastet, nicht aber zu den übrigen Zeiten. Dies führt dazu, dass das Angebot in diesen Zeiten ausgedünnt wird oder nur auf Anforderung zur Verfügung gestellt wird. Hier bietet das Fahrrad ein Alternative, wenn die Wetterverhältnisse dies zulassen.

Straßenbahnen verbinden ebenfalls im städtischen Raum benachbarte Quartiere untereinander und mit Übergangspunkten andere Straßenbahnlinien bzw. andere Verkehrsmittel. Aufgrund der gegenüber einzelnen Bussen größeren Personentransportkapazitäten einer Straßenbahn werden diese regelmäßig auf stark frequentierten Verbindungen eingesetzt. Dementsprechend hat eine Straßenbahn üblicherweise auch eine gegenüber Bussen höhere Kapazität zur Mitnahme von Fahrrädern. U- und Stadtbahnen finden ihren Einsatz bei noch stärker frequentierten Verbindungen vor allem in Großstädten. Die Mitnahme von Fahrrädern kann bei stark ausgelasteten Bahnverbindungen nur eingeschränkt möglich sein.

9.5   Einflussfaktoren auf die Verkehrsmittelwahl

Die Wahl des Verkehrsmittels hängt grundsätzlich von den Merkmalen des Verkehrsteilnehmenden (z. B. Alter, Einkommen, Umweltbewusstsein), der Ortsveränderung (z. B. Fahrzweck) sowie dem Angebot der verschiedenen Verkehrsmittel (z. B. Reisezeit, Zugänglichkeit) ab. Besondere Umstände (z. B. Behinderung), die die Wahl des Verkehrsmittels beeinflussen, werden hier nicht betrachtet (siehe dazu Kap. 21).

Fehlen dem Nutzenden z. B. die notwendigen finanziellen Mittel, um sich ein Verkehrsmittel zu leisten, das höhere Kosten verursacht (z. B. eigener Pkw), verringern sich die nutzbaren Verkehrsmittel entsprechend. Während in städtischen Räumen regelmäßig ÖPNV-Angebote in räumlicher Nähe zum Standort des Reisenden bestehen und dies in einer größeren zeitlichen Häufigkeit, sind diese in ländlichen Räumen, wenn überhaupt, dann häufig in größerer räumlicher Entfernung vom Standort und in eingeschränkter zeitlicher Häufigkeit verfügbar.

Sofern Nutzende zwischen mehreren Verkehrsmitteln wählen können, wird der Komfort des jeweiligen Verkehrsmittels bei der Wahl eine gewichtige Rolle spielen. Unterschiedliche zeitliche Aufwände einschließlich der Unsicherheit des Aufwandes (z. B. Ausfall oder Verspätung eines Verkehrsmittels, reduzierte Fahrgeschwindigkeit durch erhöhtes Verkehrsaufkommen) sind ebenfalls mitentscheidend.

Aber auch das Thema Wetterabhängigkeit und Sicherheit werden in die Entscheidungsfindung einbezogen. Unter dem Begriff Sicherheit kann das Risiko einer Verunfallung mit körperlichen Schäden wie auch die gesundheitliche Belastung durch Immissionen subsumiert werden. Zur intrinsischen Motivation bei der Wahl eines Verkehrsmittels zählen die eigene Gesunderhaltung durch körperliche Betätigung wie auch die bewusste Wahl von Verkehrsmitteln mit geringen negativen ökologischen Auswirkungen.

9.6   Das Fahrrad im Vergleich zu anderen Verkehrsmitteln

Aus der Beschreibung der einzelnen Verkehrsmittel lassen sich die Vor- und Nachteile, die bei der Verkehrsmittelwahl im Einzelfall herangezogen werden, zusammenfassen (Tab. 9.1). Dabei wird vorausgesetzt, dass die infrastrukturellen Voraussetzungen zur Nutzung der jeweiligen Verkehrsmittel grundsätzlich gegeben sind.

9 Radverkehr in der städtischen und ländlichen Entwicklung

Tab. 9.1 Das Fahrrad im Vergleich zu anderen Verkehrsmitteln

Verkehrsmittel/Kriterien	Kosten (soziale Teilhabe)	Ökologische Auswirkungen	Zu bewältigende Distanz pro Zeiteinheit	Bewegte Topografie	Wetterabhängigkeit	Sicherheit	Gesundheit	Verfügbarkeit/Häufigkeit im ländlichen Raum	Verfügbarkeit/Häufigkeit im städtischen Raum
Eigener Pkw (fossiler Brennstoff)	---	---	+++	+++	+++	++	---	+++	+++
Eigener Pkw (erneuerbare Energie)	---	--	++	+++	+++	++	---	++	++
Car-Sharing (fossiler Brennstoff)	--	--	+++	+++	+++	++	---	--	+
Car-Sharing (erneuerbare Energie)	--	o	++	+++	+++	++	---	--	+
Zufußgehen	+++	+++	---	-	---	+	+++	+++	+++
Fahrrad (ohne Motorunterstützung)	++	+++	-	o	---	-	+++	+++	+++
Fahrrad (Motorunterstützung – erneuerbare Energien/fossiler Brennstoff)	+	++/-	+	++	---	--	+	++	+++
E-Roller (mit Motorunterstützung auf Basis erneuerbarer Energien)	o	+	-	+	---	-	o	++	+++
Bus	++	+++	++	o	++	++	o	-	++
Straßenbahn	++	+++	++	--	++	++	o	---	++
Regionalbahn	++	+++	+++	--	++	++	o	--	++

Anm.: +++ besonders positiv, ++ positiv, + eingeschränkt positiv o neutral – eingeschränkt negativ -- negativ, --- besonders negativ

Das Fahrrad, mit oder ohne Motorunterstützung, eignet sich im Vergleich zu anderen Verkehrsmitteln vor allem zur Überwindung kurzer und mittlerer Distanzen, d. h. zwischen 1 und 15 km, und wenn nur in geringem Umfang Güter mitgeführt werden. Dabei reduziert sich die maximale Distanz im städtischen Raum aufgrund vielfach erforderlicher Zwischenhalte und der Vielzahl anderer Verkehrsteilnehmender auf 5 bis 8 km, da die mögliche Höchstgeschwindigkeit kaum genutzt werden kann. Die Distanz verkürzt sich für den Fall, dass die Topografie größere Steigungen im Laufe der Strecke aufweist. Sie verlängert sich im Falle einer Motorisierung des Fahrrads im ländlichen Raum auf 30 km, sei es mittels fossiler Brennstoffe oder elektrisch. Im städtischen Raum vergrößert sich die Distanz aufgrund der vorstehend geschilderten Umstände nicht entsprechend. Steigungen im Verlauf der Strecke verkürzen bei gegebener Motorisierung die Distanz eher nicht. Es eröffnet sich auf diesen Distanzen grundsätzlich eine hohe Individualisierung der Nutzung, sei es hinsichtlich des Zeitpunkts oder der Routenwahl.

Nutzende mit einem hohen Gesundheitsbewusstsein und der Bereitschaft zu körperlichen Aktivitäten weisen eine höhere Bereitschaft auf, das Fahrrad als Verkehrsmittel zu nutzen, ggf. auch über größere Distanzen und mit einem Fahrrad mit Motorunterstützung.

Aufgrund des bei einem Fahrrad fehlenden Wetterschutzes (Ausnahme: Verkleidungen wie der Streamer, siehe Kap. 3), dieser kann nur durch entsprechende Bekleidung (siehe Abschn. 23.3) ersetzt werden, reduziert sich die Anzahl der Nutzenden, die bereit sind, das Fahrrad auch im Falle ungünstiger Wetterverhältnisse zu nutzen. Besonders wenn durch entsprechende Wetterverhältnisse (z. B. Glätte) das Risiko eines Unfalls steigt, nimmt die Zahl der Nutzenden weiter ab.

Neben dem Risiko eines wetterbedingten Unfalls spielt bei der Auswahl des Fahrrads als Verkehrsmittel auch das Risiko einer Verunfallung mit anderen Verkehrsteilnehmenden eine wichtige Rolle. Insbesondere, wenn die Kollisionsrisiken mit Pkw, Lkw und Bussen hoch sind, sinkt die Bereitschaft, das Fahrrad als Verkehrsmittel zu nutzen. Im Umkehrschluss steigt die Bereitschaft zur Nutzung des Fahrrads, wenn durch eine räumliche Trennung der verschiedenen Verkehrsmittel bei gleichzeitig reduzierten niveaugleichen Kreuzungen mit anderen Verkehrsmitteln das Verunfallungsrisiko sinkt.

Insgesamt hat ein gut ausgebautes und ausgewiesenes Radverkehrsnetz einen positiven Einfluss auf die Wahl des Fahrrads als Verkehrsmittel. Wesentlich sind für ein Radverkehrsnetz eine vernetzte und lückenlose Gestaltung, sodass Ziele möglichst ohne Umwege oder Unterbrechungen erreicht werden können. Die Radwege sollten eine gleichmäßige, gut befahrbare Oberfläche aufweisen und frei von Hindernissen sein. Durch grüne und landschaftlich ansprechende Bereiche führende Radwege machen das Fahrrad als Alternative attraktiv. Ebenfalls beeinflusst die Qualität der Unterbringung eines Fahrrads am Abstellort (z. B. Diebstahl- und Wetterschutz) und ggf. dort angebotene Dienstleistungen (z. B. Ladeinfrastrukturen für Fahrräder mit Motorunterstützung durch erneuerbare Energien) die Bereitschaft, das Fahrrad zu nutzen. Darüber hinaus sollte eine gute Anbindung an weitere klimafreundliche Alternativen wie den öffentlichen Personennahverkehr gegeben sein.

9.7 Verkehrsmanagement und Verhaltensänderung von Menschen

Damit die Verkehrswende erfolgreich gestaltet werden kann, kommt jedem einzelnen Menschen und seiner Bereitschaft zur Veränderung seines eigenen Mobilitätsverhaltens eine besondere Bedeutung zu (Agora Verkehrswende 2020). Dies gelingt nur, wenn die Menschen ihr Mobilitätsverhalten so anpassen, dass der motorisierte Individualverkehr einen deutlich geringeren Anteil bei der Deckung des Mobilitätsbedarfs ausmacht. Hierfür erforderliche Verhaltensänderungen bedeuten besonders dann eine Herausforderung, wenn die aktuelle, zu verändernde Situation einen hohen Komfort für die Menschen gewährt und andererseits im Falle einer nicht eintretenden Veränderung des eigenen Verhaltens eines Menschen diese keine unmittelbaren negativen Folgen für diesen hat. Beide Tatbestände liegen im Fall der Verkehrswende vor.

Ziel der nachhaltigen und integrierten Stadt- und Verkehrsplanung ist es daher, mittels Maßnahmen des Verkehrsmanagements und der Stadtentwicklung Verhaltensänderungen von Menschen zu fördern. Das Verkehrsmanagement verfolgt dabei vier Strategien: die Verkehrsvermeidung, die Verkehrsverlagerung, die Verkehrslenkung sowie den Antriebswechsel. Wesentlich für den Wechsel auf das Fahrrad ist die Verkehrsverlagerung. Diese hat zum Ziel, den Wechsel auf klimafreundliche und umweltschonende Verkehrsmittel wie Fuß- und Radverkehr durch Maßnahmen Verhaltensänderungen in der Gesellschaft herbeizuführen (Gangl et al. 2022).

9.8 Beeinflussung der Verkehrsmittelwahl

Um Nutzende zu einem veränderten Mobilitätsverhalten anzuregen, können verschiedene, möglichst miteinander kombinierte Maßnahmen Anwendung finden. Einerseits kann das Angebot bei den Verkehrsmitteln verbessert werden, die zukünftig von den Nutzenden verstärkt genutzt werden sollen. Hierzu gehören u. a. zusätzliche räumliche und zeitliche Angebote und verbesserte Infrastrukturen dieser Verkehrsmittel. Andererseits kann auch das Angebot bei den Verkehrsmitteln eingeschränkt werden, die zukünftig weniger intensiv genutzt werden sollen. Hierfür können u. a. vorhandene Infrastrukturen rückgebaut werden (z. B. Fahrbahnen und Parkraum beim motorisierten Individualverkehr).

Sofern für die Bewältigung einer Strecke mehrere Verkehrsmittel Einsatz finden, müssen diese miteinander koordiniert werden, sodass die zeitlichen Aufwände und das Risiko eines Verkehrsmittelausfalls reduziert wird. Hierzu zählt auch die fortlaufende Information der Nutzenden über die Verkehrsmittel, die sie zu nutzen planen und aktuell möglicherweise alternativ nutzbarer Verkehrsmittel. Solche Informationen sollten Aussagen zur wahrscheinlichen Reisezeit wie auch möglichen Risiken hinsichtlich der Erreichbarkeit von Anschlüssen umfassen. Die Verkehrsmittelwahl beeinflussen können auch Informationen zu den ökologischen Auswirkungen alternativer Verkehrsmittel (z. B. CO_2-Ausstoß). Auch die Verdeutlichung der gesundheitlichen Wirkung unterschiedlicher Verkehrsmittel sowohl durch die positive Wirkung der sportlichen Betätigung beim Radfahren als auch der negativen Wirkung wie der Belastung durch Luftschadstoffe im spezifischen Feinstaub (Menges 2023).

Um die Nutzung des Fahrrads als Verkehrsmittel zu fördern, sollten die oben genannten Risiken minimiert (z. B. Verunfallung, Diebstahl und Wetter am Abstellort) und der Fahrkomfort erhöht werden (z. B. Befestigung der Radwege). Dazu können Radwege eingerichtet werden, die das Risiko einer Verunfallung reduzieren sowie die Fahrgeschwindigkeit erhöht und damit die Reisezeit verkürzen.

9.8.1 Information und Bildung

Damit Menschen erforderliche Veränderungen erkennen und akzeptieren können, müssen diese ihnen transparent und eingängig dargelegt werden. Dies kann bei kurzfristig erforderlichen Veränderungen über entsprechende jedem einzelnen Menschen zur Verfügung gestellte Informationen erfolgen oder bei langfristig angestrebten Anpassungen durch die Integration in Bildungsprogramme, vor allem schulische Bildungsprogramme für Kinder und Jugendliche.

Bei kurzfristig erforderlichen Veränderungen ist zu berücksichtigen, dass die Gesellschaft aus Bevölkerungsgruppen mit unterschiedlichem Bildungsgrad und unterschiedlichen Kommunikationsformen besteht, sodass Informationen über gesellschaftlich notwendige Veränderungen, wie einem veränderten Verhalten bei der Deckung des eigenen Mobilitätsbedarfs, über verschiedene Kanäle und unter Nutzung unterschiedlicher Sprachniveaus übermittelt werden müssen (Ritter et al. 2023). Dabei ist zu berücksichtigen, dass in einer Demokratie Diskussionen über Veränderungen offen ausgetragen werden. Hierbei entstehen unterschiedliche Meinungen basierend auf ggf. unterschiedlichen Daten und deren ggf. unterschiedlicher Interpretation. Die durch die Repräsentanten bereitgestellten Informationen müssen dementsprechend auf gesicherten Erkenntnissen beruhen und sie müssen kontinuierlich und systematisch auf auftretende Gegenargumente reagieren und ihre Informationen diesbezüglich spezifizieren. Dies gilt insbesondere für den Fall, dass neue Ge- oder Verbote Menschen zu Verhaltensänderungen anhalten.

9.8.2 Ge- und Verbote

Durch staatliche Vorgaben, wie Ge- und Verbote, werden neue gesetzliche Regeln oder neue räumliche Situationen geschaffen, die die betroffenen Menschen zu einem veränderten Verhalten zumindest anhalten sollen. Neue gesetzliche Regeln können beispielsweise die Reduzierung des Schadstoffausstoßes von mit fossilen Brennstoffen angetriebenen Pkw oder die Verteuerung fossiler Brennstoffe sein. Neue räumliche Situationen entstehen beispielsweise durch die Umgestaltung einer Straße durch eine Reduzierung der Anzahl der Fahrbahnen. Solche staatlichen Vorgaben können bei den betroffenen Menschen Unmut bis zur Politikverdrossenheit auslösen, wenn diese nicht angemessen kommuniziert und, soweit möglich, unter Mitwirkung der Betroffenen entwickelt werden (Schwedes und Thomaier 2020). Sie sind gleichzeitig unerlässlich, da nicht alle Menschen bereit sind, ihr Verhalten auch aus nachvollziehbaren Gründen zu ändern.

9.8.3 Anreize und Förderung

Menschen können auch durch Anreize und Förderung dazu angehalten werden, ihr Verhalten zu ändern. Mithilfe finanzieller Förderung durch den Staat können Investitionshürden beim Umstieg auf eine neue Technik überwunden werden, z. B. dem Wechsel von einem mit fossilen Brennstoffen angetriebenen Pkw auf einen solchen mit erneuerbarer Energie angetriebenen. Dabei besteht aber das Risiko von Mitnahmeeffekten (Clausen und Trettin 2003), indem Menschen Förderungen erhalten, die auch ohne eine Förderung investiert hätten. Zum anderen muss die Förderung so zielgerichtet erfolgen, dass die für den Einsatz der neuen Technik erforderlichen Infrastrukturen bereitstehen (z. B. Ladesäulen für E-Autos) und letztlich die neue Technik ohne weitere Förderung dauerhafte Anwendung findet.

Anreize zur Verhaltensänderung ohne direkte staatliche Förderung einzelner Menschen, sondern durch Bereitstellung neuer Angebote erzeugen im Falle einer zielgerichteten Ausrichtung auf die Bedürfnisse der Nutzenden Nachahmendeneffekte (Gminder 2006). Nutzende des neuen Angebots, die dessen Vorteile erkennen, agieren als Multiplikatoren und bewirken damit, dass weitere Nutzende hinzukommen. Um den Multiplikationseffekt zu erhöhen, sind entsprechende Informationen der Gesellschaft bereitzustellen. Insofern bedarf es auch hier einer geeigneten Kommunikationsstrategie.

9.9 Radverkehr im städtischen und ländlichen Raum

Wie zu Beginn dieses Beitrags bereits thematisch angerissen, stehen städtische und ländliche Räume vor erheblichen Herausforderungen hinsichtlich der Nachfrage nach Wohn- und Gewerbeflächen sowie Maßnahmen des Klimaschutzes und der Klimaanpassung. Um diesen Herausforderungen zu begegnen, sind Anpassungen in der Siedlungsstruktur grundsätzlich erforderlich und diese verändern wiederum den Mobilitätsbedarf und damit die Möglichkeiten der Steigerung des Radverkehrs. Allerdings unterscheidet sich der Anpassungsbedarf für ländliche und städtische Räume.

9.9.1 Städtische Räume

Städtische Räume einschließlich ihres suburbanen Raums waren in den letzten Jahren durch intensive Zuzüge geprägt (DESTATIS 2024). Dies hat zu einem erheblichen Bedarf an Wohnraum geführt, so dass die Mieten für Wohnraum und die Immobilienpreise erheblich stiegen. Verursacht wurde dieser Zuzug durch Umzüge aus ländlichen Räumen Deutschlands in städtische Räume, aber auch durch Zuzug von außerhalb Deutschlands. Inzwischen hat sich diese Entwicklung etwas abgeschwächt und an prosperierende städtische Räume angrenzende ländliche Räume erfahren einen Zuzug aus den städtischen Räumen. Ursache hierfür sind zum einen die steigenden Preise für Wohnraum in den städtischen Räumen, die von wirtschaftlich schwächeren Bevölkerungsgruppen nicht mehr bezahlt werden können. Zum anderen hat die Pandemie die Möglichkeiten zum zumindest zeitweisen Arbeiten von zu Hause bzw. zur Nutzung von Co-Working-Spaces erweitert (z. B. durch Nutzung digitaler Medien), sodass sich die Häufigkeit der Präsenz am Arbeitsplatz reduziert hat und damit auch größere Distanzen zwischen Wohn- und Arbeitsort akzeptabel werden (Pfnür et al. 2021).

Um den dennoch gegebenen Bedarf an Wohnraum und Gewerbeflächen in städtischen Räumen zu decken, fordert der Gesetzgeber seit 2008 bzw. 2013 von den Kommunen, solche Bedarfe vornehmlich durch Innenentwicklung zu decken und Neuinanspruchnahmen von Flächen im Außenbereich (vor allem landwirtschaftlichen Flächen) zu vermeiden („Einfache Innenentwicklung", UBA 2023). Dies hat in der Praxis dazu geführt, dass große städtische Brachflächen im verstärkten Umfang in Wohn- und Gewerbeflächen umgewandelt wurden. Teilweise wurden auch Grünflächen hierfür in Anspruch genommen. Ebenso erfolgten Aufstockungen und Nachverdichtungen bei Bestandsgebäuden. Vorhandene Infrastrukturen konnten so besser ausgenutzt werden und gleichzeitig stieg der lokale Mobilitätsbedarf durch einen Anstieg der Bewohnenden.

Mit der aufgrund sich häufender Extremwetterereignisse wachsenden Erkenntnis, dass der Klimawandel verstärkt zu Hitzeinseln und Überflutungen durch Starkregenereignissen führt, wurden Maßnahmen propagiert, die die Auswirkungen solcher Extremwetterereignisse zumindest abmildern und gleichzeitig das Mikroklima verbessern („Doppelte Innenentwicklung" UBA 2023). Zu diesen Maßnahmen zählen zusätzliche Bepflanzungen im städtischen Raum, durch Anlage von mehr Grünflächen auch im vorhandenen Straßenraum sowie Dach- und Fassadenbegrünungen von Gebäuden. Aber auch zusätzliche Speicher- und Versickerungsanlagen für Niederschlagswasser sollen Überflutungen bei Starkregenereignissen zukünftig möglichst vermeiden und Bewässerungswasser für Trockenphasen bereitstellen (Ruopp et al. 2024). Für solche Maßnahmen werden regelmäßig Flächen benötigt, die bisher für andere Zwecke genutzt werden.

Hieraus lässt sich die Schlussfolgerung ziehen, dass Verkehrsflächen für solche Zwecke in Anspruch genommen und hierdurch Versiegelungsgrade sowie die lokale Aufheizung der Umgebung reduziert werden können. Gleichzeitig können Flächen zur Versickerung von Niederschlagswasser gewonnenen werden. Damit solche Flächen bereitgestellt werden können, muss der Bedarf an Verkehrsflächen reduziert werden („Dreifache Innenentwicklung" UBA 2023). Dies ist nur möglich, wenn zur Deckung des Mobilitätsbedarfs zukünftig solche Verkehrsmittel weniger genutzt werden, die selbst einen hohen Flächenbedarf erzeugen. Hierzu zählt vor allem der motorisierte Individualverkehr, der einen hohen Flächenbedarf je Nutzendem aufweist, z. B. durch die geringe Dichte an Nutzenden je m^2-Fahrbahnfläche und den entstehenden Stellplatzbedarf an jedem genutzten Standort. Gleichzeitig verursacht der motorisierte Individualverkehr erhebliche lokale Umweltbelastungen. Bei der Nutzung erneuerbarer Energien sind dies Schadstoffe, die durch z. B. Abrieb bei Bremsen und Reifen entstehen, bei der Nutzung fossiler Brennstoffe kommen noch die Schadstoffe hinzu, die beim Verbrennungsvorgang entstehen. Dies spricht für eine Reduzierung des motorisierten Individualverkehrs insgesamt auf unbedingt notwendige Nutzungen einschließlich Car-Sharing. Stattdessen ist der Mobilitätsbedarf grundsätzlich durch ÖPNV-Angebote zu decken und da, wo dies nicht sinnvoll ist, durch Zufußgehen und Radverkehr. Dem Radverkehr kommt daher zur Deckung des freiwilligen oder bei fehlenden Alternativen erzwungenen individuellen Mobilitätsbedarfs eine besondere Bedeutung in der Stadtentwicklung zu.

Damit die Bereitschaft bei den Menschen steigt, das Fahrrad zu nutzen, sind geeignete Maßnahmen sowohl hinsichtlich der Dichte des Radwegenetzes wie auch der Qualität von Radwegen erforderlich, um dies zu fördern und Vorbehalten zu begegnen (s. Kap. 10).

Neben Maßnahmen zur Deckung des bestehenden Mobilitätsbedarfs durch Änderung der Nutzung von Verkehrsmitteln hin zu einer Ausweitung der Nutzung des Radverkehrs kann auch eine Reduzierung des Mobilitätsbedarfs durch geeignete Maßnahmen der Stadtentwicklung erreicht werden, auch wenn diese regelmäßig aufwendiger sind. Durch eine Reduzierung der Distanz zwischen zwei Orten unterschiedlicher Bedarfsdeckung („Entstehung des Mobilitätsbedürfnisses") kann nicht nur der Mobilitätsbedarf reduziert, sondern auch der Wechsel zu einem umweltfreundlicheren Verkehrsmittel ermöglicht bzw. erleichtert werden, also vom motorisierten Individualverkehr zum nicht motorisierten Individualverkehr. Diesen Ansatz verfolgt das Konzept der „Stadt der kurzen Wege" (UBA 2011) bzw. die „15-Minuten-Stadt", d. h., alle Mobilitätsbedürfnisse sollen zu Fuß oder mit dem Rad mit einem Zeitaufwand von 15 min abgedeckt werden können (Moreno 2024). Welche Maßnahmen zur Reduzierung von Distanzen zwischen Arbeitsort, Versorgungseinrichtungen sowie Freizeit und Erholung Einfluss auf die Erhöhung des Anteils des Radverkehrs haben können, wird im Folgenden analysiert.

Wohnort – Arbeitsort
Die Distanz zwischen Wohnort und Arbeitsort lässt sich nur durch eine Verlagerung des Wohn- oder des Arbeitsortes oder von beiden verändern.

Eine Verlagerung des Wohnortes in einer Stadt, zur Reduzierung der Distanz zum Arbeitsort, gestaltet sich durch die geringe Anzahl verfügbarer Wohnungen schwierig, sodass in der Regel eine qualitativ gleichwertige Ersatzwohnung nicht verfügbar ist. Hinzu kommt, dass ein Wohnortwechsel kostenaufwendig ist, wobei nicht nur die Kosten für den eigentlichen Wohnortwechsel entstehen. Vielmehr sind die Mietkonditionen für einen qualitativ gleichwertigen Ersatzwohnraum aufgrund des deutschen Mietrechts in der Regel höher als am bisherigen Wohnort. Beschäftigt der Arbeitgebende eine große Anzahl an Mitarbeitenden, kann in der Umgebung des Arbeitsortes auch die Nachfrage nach Wohnraum steigen, sodass hierdurch grundsätzlich ein höherer Mietpreis gegenüber dem aktuellen Wohnort gefordert werden kann.

Eine Verlagerung des Arbeitsortes in einer Stadt ist in der Regel nur durch einen Wechsel des Arbeitgebenden möglich. In Abhängigkeit der beruflichen Spezialisierung eines Arbeitnehmenden sinkt regelmäßig die Anzahl möglicher Arbeitgebender und damit Arbeitsorte, sodass ein entsprechender Wechsel des Arbeitsortes nur selten vollzogen werden kann.

Ein Wechsel sowohl des Wohn- als auch des Arbeitsortes mit dem Ziel, die Distanz dazwischen zu verringern, ist damit so gut wie ausgeschlossen.

Insofern bedarf es einer guten Verbindung sowohl des Wohn- als auch des Arbeitsortes an den ÖPNV. Liegen diese im Einzelfall doch in einer Distanz, die mit dem Fahrrad zurückgelegt werden kann, sollte diese Nutzung durch ein entsprechend ausgebautes Radwegenetz unterstützt werden. Ist die Distanz größer, sollte am Wohnstandort eine radmäßige Anbindung an den ÖPNV mittels Mobility Hubs sichergestellt werden, um die Nutzung des Fahrrads für diese Strecke zu ermöglichen. Ist die Distanz zwischen dem Arbeitsort und dem nächstgelegenen Halt des ÖPNV nicht fußläufig erreichbar, könnten auch dort über einen Mobility Hub Abstellmöglichkeiten für ein zweites Fahrrad die Fahrradnutzung unterstützen. Die regelmäßige Mitnahme eines Fahrrads im ÖPNV als alternative Lösung scheidet wegen fehlender Platzkapazitäten im ÖPNV zumindest in den Hauptnutzungszeiten regelmäßig aus. Gegebenenfalls unterstützt der Arbeitgebende die Nutzung des Fahrrads durch seine Mitarbeitenden, indem er Fahrräder zur Anbindung seines Standortes an den ÖPNV zur Verfügung stellt, z. B. durch ein Jobrad-Leasing (s. Kap. 20).

Wohnort – Versorgungseinrichtungen
In Städten sollten Versorgungseinrichtungen zum Erwerb von Gütern zur Deckung des täglichen Bedarfs, Bildungseinrichtungen für Kinder und Einrichtungen zur grundlegenden Deckung der medizinischen Versorgung sowie grundlegende Bank- und Postangebote in einer räumlichen Distanz zum Wohnort liegen, die durch Zufußgehen oder Fahrradfahren überwunden werden kann.

Um Güter des täglichen Bedarfs transportieren zu können, können besondere Fahrradtypen, wie z. B. Lastenräder, bereitgestellt werden. Insofern sollten in allen Quartieren Mindeststandards von Radfahrinfrastrukturen geschaffen werden, mit denen möglichst jeder Standort in einem Quartier erreicht werden kann. Hierzu zählen auch Mobility Hubs, mit denen die Anbindung an den ÖPNV sichergestellt wird. Das Radwegenetz im Quartier ist dabei an die Radwegenetze benachbarter Quartiere anzubinden, sodass eine individuelle Fahrradnutzung über Quartiergrenzen hinweg unabhängig von anderen Verkehrsmitteln gefördert wird.

Besteht in städtischen Quartieren eine Bevölkerungsdichte, die für eine wirtschaftliche Auslastung einer Versorgungseinrichtung (z. B. Krankenhaus) nicht ausreicht oder fehlt es an entsprechenden Anbietern, müssen größere Distanzen zur nächsten Versorgungseinrichtung überwunden werden. Diese sollten möglichst an das ÖPNV-Netz angebunden sein, sodass sie für alle Nutzenden des ÖPNV leicht erreicht werden können, also auch für Fahrradfahrende, die ihr Fahrrad am Mobility Hub ihres Quartieres abstellen und dann den ÖPNV nutzen. Durch eine Verbindung der Radwegenetze über Quartiersgrenzen hinweg sind entfernt liegende Versorgungseinrichtungen auch für Nur-Radfahrende zu erreichen.

Gleiches gilt für Versorgungseinrichtungen in Städten, die grundsätzlich einen größeren Einzugsbereich abdecken. Auch diese sollten möglichst an das ÖPNV-Netz angebunden und ergänzend über das Radwegenetz schnell und gefahrlos erreichbar sein.

Wohnort – Freizeit und Erholung

Da die Interessen der Bewohnenden einer Stadt hinsichtlich Freizeit und Erholung in der Regel sehr vielschichtig sind, ist der Ausbau von Radfahrinfrastrukturen von der Anzahl der Nutzenden bestimmter Freizeit- und Erholungseinrichtungen abhängig. Freizeit- und Erholungseinrichtungen mit einer großen Zahl an Nutzenden sollten immer eine ÖPNV-Anbindung erhalten und ergänzend an das Radwegenetz angebunden sein. Einrichtungen mit einer geringen Anzahl von Nutzenden und in Lagen abseits von ÖPNV-Anbindungen sollten auf jeden Fall an das Radwegenetz angebunden sein.

Letztlich bedarf es in städtischen Räumen eines Radwegenetzes, das wohnortnahe Anbindungen an Mobility Hubs sicherstellt (Quartierhub) und Radwegenetze benachbarter Quartiere miteinander vernetzt. Die Radwege sollten dabei Standards erfüllen, die Sicherheit und Komfort für Fahrradfahrende gewähren und damit einen Anreiz bieten, verstärkt Fahrrad zu fahren.

9.9.2 Ländliche Räume

Ländliche Räume erfahren in Deutschland unterschiedliche Entwicklungen. So gibt es ländliche Räume, insbesondere abseits von städtischen Räumen, die bereits erhebliche Bevölkerungsverluste erfahren haben, vor allem durch Abwanderungen in städtische Räume, und bei denen sich dieser Trend fortsetzt. Daneben gibt es ländliche Räume, insbesondere solche, die verkehrlich gut an städtische Räume angebunden sind, in denen die Bevölkerungszahlen stabil bleiben oder steigen.

Beiden gemeinsam sind eine geringere Bevölkerungsdichte und eine kleinteilige Siedlungsstruktur mit größeren räumlichen Distanzen zwischen den einzelnen Siedlungseinheiten. Damit sind die Distanzen zwischen Wohnort und Arbeitsort, Versorgungseinrichtungen sowie ggf. Freizeit- und Erholungseinrichtungen regelmäßig größer als in städtischen Räumen. Durch die geringe Bevölkerungsdichte ist auch das ÖPNV-Angebot sowohl hinsichtlich räumlicher wie auch zeitlicher Abdeckung in der Regel geringer als in städtischen Räumen. Häufig bestehen nur zu Zeiten höherer Auslastung (z. B. für den Transport von Schülerinnen und Schülern) feste ÖPNV-Angebote, während in anderen Zeiträumen oft auf vorherige Anforderung ein Angebot geschaffen wird (z. B. Anrufsammeltaxis). Dies erfordert eine vorlaufende Planung und reduziert eine spontane individuelle Nutzung. Daher kommt dem motorisierten Individualverkehr in ländlichen Räumen eine höhere Bedeutung zu als in städtischen Räumen. Gleichzeitig reicht die Dichte möglicher Nutzender häufig nicht aus, um car sharing-Angebote wirtschaftlich tragfähig zu etablieren. Die von mit fossilen Brennstoffen betriebenen Pkw ausgehenden Immissionen werden aufgrund der geringeren Dichte an solchen Fahrzeugen regelmäßig als weniger störend wahrgenommen, sodass eine Notwendigkeit des Wechsels zu mit erneuerbaren Energien betriebenen Pkw von den Nutzenden vielfach nicht gesehen wird. Insofern kommt der Verbesserung der Radfahrinfrastrukturen im ländlichen Raum eine besondere Bedeutung zu, um die Nutzung des motorisierten Individualverkehrs zu reduzieren.

Wohnort – Arbeitsort
Eine Verringerung der Distanz zwischen Wohnort und Arbeitsort lässt sich auch im ländlichen Raum nur durch eine Verlagerung des Wohn- oder des Arbeitsortes oder von beiden erreichen, wobei die räumlichen Distanzen in der Regel größer als im städtischen Raum sind.

Eine Verlagerung des Wohnortes im ländlichen Raum scheidet in der Regel aus, da die im ländlichen Raum Lebenden häufig den Wohnstandort im Eigentum haben und darüber hinaus die sozialen Bindungen im ländlichen Raum stärker ausgeprägt sind. Beides reduziert die Bereitschaft zu einer Verlagerung des Wohnstandortes.

Aufgrund der gegenüber dem städtischen Raum geringeren Dichte von Arbeitsplätzen fällt ein mögliches Potenzial zur Reduzierung der Distanz zum Arbeitsplatz durch Wechsel des Arbeitsplatzes dort noch geringer aus.

Bei größeren Arbeitgebenden im ländlichen Raum mit einem entsprechend großen Einzugsbereich der Mitarbeitenden sollte die Möglichkeit der Anbindung an den ÖPNV geprüft werden. In Verbindung mit Mobility Hubs im ÖPNV-Netz wird der Übergang von anderen Verkehrsmitteln erleichtert. So können beispielsweise auch Haltestellen des ÖPNV entfernter liegende Siedlungen für Fahrradfahrende erreichbar gemacht werden. Arbeitsstätten, die in größerer Distanz zu Haltepunkten des ÖPNV liegen, können für Fahrradfahrende durch ein zweites Fahrrad erreichbar gemacht werden, dass dem Anschluss an den zum Arbeitsort nächstmöglichen Mobility Hub des ÖPNV dient.

Grundsätzlich lassen sich im ländlichen im Vergleich zum städtischen Raum durch die gegebene geringere Verkehrsdichte in gleicher Zeit größere Distanzen überwinden. Dadurch können auch Fahrradfahrende im ländlichen Raum, insbesondere wenn sie ein gut ausgebautes Radwegenetz vorfinden, größere Distanzen zu Arbeitgebenden zurücklegen. Die Distanz verlängert sich, wenn motorunterstütze Fahrräder Anwendung finden. Arbeitgebende können die Nutzung von Fahrrädern unterstützen, z. B. durch das Zurverfügungstellen von Fahrrädern, ggf. erforderliche Ladeinfrastrukturen und anderen Dienstleistungen. Dies gilt nicht nur für Mitarbeitende, sondern auch für Kunden.

Wohnort – Versorgungseinrichtungen
Im ländlichen Raum bestehen vielfach auch zu Versorgungseinrichtungen Distanzen vom Wohnort, die nicht fußläufig erreichbar sind. Durch ein verändertes Kaufverhalten, aber auch durch Nachwuchsprobleme bei lokalen Dienstleistungsanbietern, steigen diese Distanzen weiter an, sofern sie nicht durch mobile Dienstleister ersetzt werden können, die aber nur zeitweise vom Wohnort erreichbar sind. Wenn ortsfeste Angebote nur noch in zumeist kleinen Zentren der Region angeboten werden, bedarf es einer umweltfreundlichen Anbindung der durch diese Angebote erschlossenen Siedlungen an dieses Zentrum. Da ÖPNV-Angebote, wie vorstehend beschrieben, nur zeitweise oder auf Anforderung zur Verfügung stehen, kommt in

diesem Fall dem Radverkehr eine zunehmend große Bedeutung zu, um den individuellen Mobilitätsbedarf zu decken. Dementsprechend sind Radwegeverbindungen zwischen den Siedlungen und dem Zentrum erforderlich, um das Fahrradfahren attraktiv auszugestalten.

Wenn dabei auch größere Distanzen überwunden werden sollen, z. B. auch zur Anbindung benachbarter städtischer Räume, bietet sich der Ausbau von Radschnellwegenetzen an (z. B. Frankfurt-Darmstadt), die aufgrund der dort möglichen höheren Durchschnittsgeschwindigkeiten auch die Überwindung von Distanzen bis zu 30 km ermöglichen.

Wohnort – Freizeit und Erholung
Das Freizeit- und Erholungsangebot ist im ländlichen Raum aufgrund der geringeren Dichte an Nutzenden in der Regel nicht so vielfältig wie in städtischen Räumen. Dafür liegen die Angebote regelmäßig dichter am Wohnort, wie z. B. Fußballplätze, Grünflächen außerhalb des Siedlungsbereichs, oder werden direkt am Wohnort ausgeübt (z. B. auf dem eigenen Hausgrundstück). Damit reduziert sich der Mobilitätsbedarf gegenüber Bewohnenden städtischer Räume. Soweit Freizeit- und Erholungsangebote in benachbarten Siedlungen bzw. in Zentren der Region angeboten werden, kann auch hier ein entsprechendes Radwegenetz die Erreichbarkeit dieser Standorte verbessern und damit die Nutzung des Fahrrads erleichtern.

Durch den Ausbau von Radwegenetzen ist aktuell besonders in attraktiven ländlichen Räumen eine Zunahme von fahrradfahrenden Touristen zu verzeichnen, die entweder nur als Tagestouristen den ländlichen Raum besuchen oder eine mehrtägige Radtour unternehmen, z. B. längs eines Flusses (siehe auch Radtour Mainz-Biberich-Eltville beim Online-Angebot zu diesem Buch). Insofern steigern Radwegenetze, die Siedlungen in ländlichen Räumen miteinander verbinden und diese z. B. über Radschnellwege an städtische Räume anbinden, das Nutzungspotenzial durch fahrradfahrende Touristen. Durch Berücksichtigung besonderer touristischer Attraktionen bei der Radwegeführung, ggf. durch entsprechende Anbindung solcher Attraktionen an den Radweg samt Hinweisen, und ein Angebot an unterstützenden Infrastrukturen für Fahrradfahrende (z. B. Rastmöglichkeiten, Hilfen bei Fahrradpannen) lassen sich mehr Touristen attrahieren und damit zusätzliche Einnahmemöglichkeiten für den ländlichen Raum generieren. Die zu diesem Buch gehörenden Radtouren geben viele Beispiele, etwa den Kelten-Rundweg und das Römerkastell im Taunus.

9.10 Ausbaustandards von Radwegen

Neben einem den jeweiligen Raum nachfragegerecht erschließenden Radwegenetzes (adfc 2020) müssen auch die Radwege selbst hinsichtlich ihres Ausbaus Qualitäten aufweisen, sodass mehr Menschen das Fahrrad zu den verschiedenen genannten Zwecken nutzen. Hierzu hat die Forschungsgesellschaft für Straßen- und Verkehrswesen (FGSV) Hinweise und Empfehlungen entwickelt, z. B. Empfehlungen für Radverkehrsanlagen (2010), Fahrradparken (2012), Hinweise zu Radschnellwegeverbindungen und Radvorrangrouten (2021), Hinweise zur einheitlichen Bewertung von Radverkehrsanlagen (2021).

Im Kap. 10 beschreiben Christin Cornel und Joachim Vogt, dass es oft schon an einem ebenen, intakten und griffigen Untergrund mangelt, von der Breite des Weges und der Abgrenzung vom Autoverkehr ganz zu schweigen. Ausbaustandards müssen dem Fahrradfahrenden einen hohen Fahrkomfort bei gleichzeitig hoher Sicherheit bieten.

Der Fahrkomfort eines Radweges, der zur Erreichung eines bestimmten räumlichen Zieles genutzt wird, bestimmt sich durch die mögliche Höhe der Fahrgeschwindigkeit und der Gleichmäßigkeit der Fahrgeschwindigkeit, um so in möglichst kurzer Zeit die gegebene Distanz zu überwinden. Die Höhe der Fahrgeschwindigkeit wird vor allem durch die Art des Wegebelags und dessen Unterhaltungszustand bestimmt (siehe Kap. 10). Der Unterhaltungszustand eines Radweges ergibt sich aus Schäden und Verschmutzungen des Belags, Lachen (Pfützen, Kerben) durch Niederschläge sowie Schnee- und Eisglätte. Die Anzahl an Hindernissen im Wegeverlauf bestimmt die Gleichmäßigkeit der Fahrgeschwindigkeit. Hindernisse können Kreuzungen mit anderen Verkehrsmitteln sein, unterschiedlich schnelle Verkehrsmittel der gleichen oder unterschiedlicher Art auf dem gleichen Weg, Schranken und Barrieren oder extreme Steigungen bzw. Kurvenradien, die zu einer Reduzierung der Fahrgeschwindigkeit führen.

Sich ändernde Wetterbedingungen können nur eingeschränkt beim Radwegebau berücksichtigt werden. Als temporäre Schutzmöglichkeiten bei nur kurzfristigen Niederschlägen können Unterstellmöglichkeiten längs des Radweges angeboten werden. Um Fahrradfahrende vor starken Sonneneinstrahlungen oder extremer Hitze zu schützen, können Radwege durch entsprechende Bepflanzung der Wegerandstreifen beschattet werden.

Zur Erhöhung der Sicherheit müssen Unfallrisiken bei der Benutzung von Radwegen minimiert werden. Unfallrisiken entstehen durch einen zu schmalen Radweg, einen schlechten Unterhaltungszustand sowie Hindernisse im Wegeverlauf. Mit einem Anstieg der Dichte des Radverkehrs auf einem Radweg steigt auch das Kollisionsrisiko zwischen zwei Fahrradfahrenden im Gegenverkehr oder in gleicher Fahrtrichtung. Dementsprechend muss die Wegebreite bereits in der Wegeplanung so gewählt werden, dass bei einem Anstieg der Fahrradfahrenden aufgrund gestiegener Attraktivität der Wegeverbindung dennoch ein geringes Unfallrisiko besteht.

Dabei ist das Unfallrisiko im städtischen Raum durch die üblicherweise höhere Verkehrsdichte größer. Daher sollte bei der örtlichen Radwegeführung vermieden werden, dass stark befahrene Grundstückszufahrten gekreuzt, Radwege längs Parkbuchten für den motorisierten Individualverkehr und durch Busbuchten geführt werden. Auch müssen Radwege eindeutig gekennzeichnet werden, insbesondere in Kreuzungsbereichen sowie ausreichend und sichere Aufstellflächen für Fahrräder zur Verfügung stehen.

Im städtischen Raum sind Fahrradfahrende darüber hinaus noch den von anderen Verkehrsmitteln verursachten Immissionen (insbesondere Lärm und Stickstoffdioxid) ausgesetzt, die über einen längeren Zeitraum negative gesundheitliche Auswirkungen bei Fahrradfahrenden verursachen können.

Dementsprechend sollten Radwege möglichst eigenständig und mit anderen Verkehrsmitteln konfliktarm geführt werden. Im städtischen Raum sollten sie darüber hinaus abseits von anderen Verkehrsmitteln und stark befahrenen Straßen verlaufen (z. B. in Parallelstraßen zu Hauptverkehrsstraßen). Dies reduziert nicht nur die gesundheitlichen Belastungen der Fahrradfahrenden, sondern senkt auch das Kollisionsrisiko mit anderen Verkehrsmitteln.

9.11 Ausblick

Fahrradfahren ist eine umweltschonende und gleichzeitig für die Fahrradfahrenden gesundheitsfördernde Fortbewegungsmöglichkeit (siehe Kap. 21), die die Möglichkeit eröffnet, sich weitgehend individuell von einem Ort zum anderen zu bewegen. Lediglich Wettereinflüsse schränken diese Individualität ein. Damit kommt dem Fahrradfahren ein großes Potenzial bei der umzusetzenden Verkehrswende zu. Um möglichst viele Menschen zu motivieren, statt des motorisierten Individualverkehrs das Fahrrad zu nutzen, müssen die für Fahrradfahrende notwendigen Infrastrukturen vorhanden sein. Hierzu zählen ein den Mobilitätsbedürfnissen gerecht werdendes Radwegenetz sowie ein Radwegeausbau, der eine komfortable und sichere Fortbewegung ermöglicht. Hierzu wurden und werden in Deutschland vielfältige Investitionen getätigt, die aber in ihrer Gesamtheit noch lange nicht abgeschlossen sind. Einige Beispiele gibt Kap. 15.

Dazu tragen auch komplexe Rechtsverhältnisse bei, die noch nicht ausreichend auf den Ausbau von Radwegeinfrastrukturen ausgelegt sind. So fehlt bisher vielfach ein eigenständiges Planungsrecht für Radwegeinfrastrukturen. Darüber hinaus fehlen die Flächen für neue Radwegeinfrastrukturen. Diese müssen aus insbesondere in städtischen Räumen hochkomplexen Eigentums- und Nutzungsstrukturen herausgelöst und bereitgestellt werden. Dies erfordert Zeit, um einerseits planerisch die beste Lösung zu entwickeln und andererseits deren Umsetzung durch Ausverhandlung mit Eigentümern und Nutzungskonkurrenten zu erreichen.

Straßenräume

10

Christin Cornel und Joachim Vogt

Inhaltsverzeichnis

10.1	Ober- sowie Unterführungen	62
10.2	Schotter	63
10.3	Straßenbahnschienen	64
10.4	Glatte Untergründe	65
10.5	Pflaster	66
10.6	Kanten an Kreuzungen	67
10.7	Aufteilung des Straßenraums	68
10.8	Sustainable and Health-Oriented Transport Planning and Urban Planning	72

Nachdem das vorangegangene Kapitel die Mobilitätsbedürfnisse und die Raumentwicklung im städtischen und ländlichen Bereich im Allgemeinen und für die Radwegeinfrastruktur im Besonderen schilderte, widmet sich dieser Beitrag den konkreten Wegeverhältnissen für Radfahrende in den untersuchten Regionen. Die meisten Radwege waren zu schmal, die Beläge waren rutschig und beschädigt, andere Verkehrsteilnehmende drangen in den Radraum ein, z. B. sich öffnende Autotüren, haltende oder einparkende Autos, die Wege waren oft unterbrochen und das auch noch mit hohen Bordsteinkanten z. B. an Ampeln. Solche Bedingungen begünstigen Stürze und Unfälle.

C. Cornel
FAI, TU Darmstadt, Aschaffenburg, Deutschland

J. Vogt (✉)
FAI, TU Darmstadt, Darmstadt, Deutschland
E-Mail: joachim.vogt@tu-darmstadt.de

DESTATIS (2021) berichtet, dass es 2020 130.488 Unfälle mit Zweirädern gab, davon 71 % mit Fahrrädern und Pedelecs. Im Vergleich zu 2019 ging die Zahl der verunglückten Bikerinnen und Biker mit amtlichem Kennzeichen um 6,7 % zurück, die der Kleinkraftradfahrenden sogar um 12,7 %. Dagegen stieg die Zahl der verunglückten Radlerinnen und Radler (einschl. Pedelec) um 5,6 %.

Im Jahr 2022 verunglückten bei Straßenverkehrsunfällen insgesamt 266 Fahrradfahrende tödlich. Mit einem Pedelec verunfallten 208 Menschen tödlich. Die Altersgruppe mit den meisten Getöteten bei den Fahrrädern, wie auch den Pedelecs, waren die über 75-Jährigen.[1]

Sehr häufig ist der Fahrbahnbelag ein wichtiger Faktor bei Zweiradunfällen. In unserer Studie testeten wir die folgenden Untergründe:

1. Asphalt trocken
2. Asphalt nass
3. Pflaster trocken
4. Pflaster nass
5. Kopfsteinpflaster trocken
6. Kopfsteinpflaster nass
7. Schotter
8. Straßenbahnschienen
9. Wald/Wiesen trocken
10. Wald/Wiesen nass
11. Löcher im Asphalt oder in den Wald-/Wiesenböden
12. Ober- sowie Unterführungen

Im Folgenden wird auf die häufigsten und gefährlichsten Untergründe eingegangen.

10.1 Ober- sowie Unterführungen

Ober- sowie Unterführungen sollten grundsätzlich schiebend bewältigt werden. Daher haben die Wegeplanenden in vielen Fällen Barrieren an den Ein- und Ausfahrten der Ober- bzw. Unterführungen eingebaut. Durch diese Barrieren muss man mit schweren Rädern umständlich rangieren. So z. B. am Bahnhof Erzhausen mit dem Charger 3. Erschwerend kommt bei diesem Rad hinzu, dass der Lenkerwinkel maximal 90° beträgt. Um das zu ändern, z. B. für den Transport auf dem Autodach, müssen die zentrale *Ahead*-Schraube und die Klemmung des Vorbaus am Gabelschaft gelockert werde. Nun kann der Lenker quergestellt werden. Um ihn wieder in die normale Position zu bringen, muss das Lenkkopflager neu eingestellt werden, eine schwierige Prozedur.

---

[1] Getötete Fahrradfahrer im Straßenverkehr in Deutschland 2022|Statista.

Auf Brücken hat man meistens gute Sicht, auch auf den Gegenverkehr. Demgegenüber fährt bzw. geht man bei Unterführungen oft ins Schwarze und sollte klingeln, um zu Fuß Entgegenkommende und andere Radfahrende zu warnen.

10.2 Schotter

Nicht jeder Schotter ist gefährlich. Insbesondre eine gute Verdichtung des Deckmaterials beugt Stürzen vor (Abb. 10.1).

Es gibt sogar Fans dieses Untergrunds, die ihn mit ihren „*Gravelbikes*" gezielt aufsuchen. Oft handelt es sich um vielfältig einsetzbare Räder: Renn-, Alltags-, Pendel-, Mountainbikes. Ein aktueller Test[2] nimmt 24 Modelle unter die Lupe. Das günstigste Rad, Triban Grvl 520, kostet 1099 € und ist 10,8 kg schwer. Mit 8300 € am teuersten ist das Wilier Rave SLR mit 8,07 kg. Im Test wurde das Regard 10.0 von Radon für

Abb. 10.1 Gut verdichtete Schotterpiste Im Loh, Langen

---

[2] Gravel Bikes 2022 im Test: 24 Räder für Straße und Schotter (radsport-rennrad.de).

1799 € Preis-/Leistungssieger. Für Offroader eignet sich laut Test insbesondere das Grizl CG SL 7 eTap von Canyon für 3299 €. Für das Grix.2 Pro von Storck (4199 €) wurde der Race-Tipp ausgesprochen.

10.3 Straßenbahnschienen

Straßenbahnschienen gehören zu den großen Gefahren für Radelnde.[3] Die Schienen bilden Vertiefungen auf einer gepflasterten Fahrbahn. Wenn das Vorderrad in die Vertiefung gerät, kann man bzw. frau nicht mehr lenken. Die Gefahr ist umso größer, je schmaler die Reifen sind. Darüber hinaus sind die Oberflächen der Schienen bei Regen extrem glatt.

Straßenbahnschienen sollten daher in weiser Voraussicht am besten im rechten Winkel angefahren werden. Breitere Reifen ab zwei Zoll, sogenannte Ballonreifen (in unseren Tests Safari Columbus, s. Kap. 12), können zusätzlich Sicherheit geben. Die sogenannten „Fat Bikes" haben bis über fünf Zoll breite Reifen und ihre Fahrenden weniger Probleme mit Straßenbahnschienen.

Müssen Straßenbahnschienen in spitzerem Winkel überquert werden, weil der umgebende Verkehr das erfordert, dann sollte das überquerende Rad entlastet werden. Der bzw. die Radelnde hüpft gewissermaßen über das gefährliche Hindernis. Bordsteine oder Schlaglöcher können auf diese Weise ebenfalls leichter überwunden werden.

Ein Schweizer Anbieter von hochwertigen, systemkritischen Elastomerkomponenten, Dätwyler, hat 2018 eine technische Lösung vorgestellt, die das Schienenproblem verringern könnte.[4] Ein Gummiprofil, befestigt an einem Träger, füllt die Schienenspurrille aus. Im Ausgangszustand dichtet dieses Elastomer die Rille bündig ab. Fährt ein Radfahrer über die Schiene, besteht keine Gefahr. Fährt eine Straßenbahn darüber, wird das Profil von deren Gewicht tief in die Schiene gedrückt. So bleibt die Straßenbahn in der Spur. Durch die eigene Elastizität dehnt sich das Profil wieder auf Normalmaß aus, sobald die Straßenbahn durch ist.

Wie groß die Anzahl von Stürzen auf Straßenbahnschienen wirklich ist, konnten wir nicht ermitteln. Es gibt sehr viele Einzelberichte, die darauf schließen lassen, dass es viele sind. DESTATIS unterscheidet in der Statistik von 2022 leider nur Fahrgäste, Bedienstete und sonstige Personen bei Straßenbahnunglücken.

Es wird dringend empfohlen, die Straßenbahnschienen in einem Winkel von 90 °[5] zu überqueren. Selbige Internetseite berichtet von einer Studie der *University of Tennessee-Knoxville*. Fahrradunfälle auf Schienenübergängen wurden darin systematisch anhand von Videoaufnahmen untersucht, die an einem vielbefahrenen

---

[3] Fahrrad und Straßenbahngleise: Dieser Winkel ist beim Überqueren am sichersten (t-online.de).

[4] Straßenbahnschienen vs. Radfahrer – PATRIA-Fahrräder.

[5] In wie spitzem Winkel kann man auf dem Rad Straßenbahnschienen sicher überqueren? – Radspannerei (rad-spannerei.de).

Bahnübergang in Knoxville 2014 gemacht wurden. Die Straße hatte auf der einen Seite einen straßenbegleitenden Radweg. 13.247 Radfahrende nutzten die Straße im Untersuchungszeitraum. 9521 Radfahrer fuhren auf dem Radweg in beiden Richtungen. 53 Radfahrende verunfallten bei der Schienenüberquerung. Der Vergleich einer Zufallsauswahl von 100 erfolgreichen Schienenüberquerungen mit den Unfällen zeigte deutlich, dass die Überquerung der Schienen umso sicherer ist, je mehr sich die Winkel den 90 ° annähern. Als Schwellenwert für erhebliche Sturzgefahr werden 30 ° genannt.

10.4 Glatte Untergründe

Einige Testfahrten wurden von Vp01 bewusst bei Schnee und Eis absolviert. Stürze wurden antizipiert und verletzungsfrei abgefangen. Das Kontrollfahrrad Safari von Columbus wie auch das eBM-Continental-Fahrrad gerieten mit ihrer serienmäßigen Bereifung bereits in weiten Kurven ins Rutschen. Für letzteres Rad wurden daher Spike-Räder angeschafft und diese griffen mühelos in Schnee und Eis wie auch Schlamm. Die Spikereifen knistern gewöhnungsbedürftig auf Asphalt. Sie bewältigten dafür aber mühelos glatte Straßen und aufgewühlte Wald-/Feldwege.

Auf den Radwegen in unseren Städten gibt es gefährlich glatte Oberflächen. Abb. 10.2 zeigt rot markierte Radwege in Darmstadt und Langen. So gut und wichtig

Abb. 10.2 Rot markierte Radwege in Darmstadt und Langen. Rheinstraße Ecke Kasinostraße (in nördlicher Richtung links vor, rechts hinter der Kasinostraße); rechts außen Langen, Nördliche Ringstraße

die Markierung auch ist, der Langener Radwegbelag ist sehr glatt und daher bei Nässe extrem rutschig. In Darmstadt sieht man kleine Texturen (mittleres Bild in Abb. 10.2). Zu klein, um die Fahrt holprig zu machen, aber groß genug, um ausreichend Grip zu gewährleisten.

10.5 Pflaster

Es wurden verschiedene Pflaster befahren. Plattenpflaster, wie das in Abb. 10.3, stellen kein Problem dar, wenn die Fugen klein und die Platten Kante an Kante verlegt sind. Holprig wird es, wenn die Platten sich gegeneinander verschieben und/oder aus den Fugen geraten.

Abb. 10.3 Pflastersteine in Darmstadt (Rheinstraße 75): enge Fahrbahn, vielfach geflickt und daher mit Unebenheiten

Abb. 10.4 Kopfsteinpflaster: grob (links), mittel (Mitte) und fein (rechts)

Feines Kopfsteinpflaster (kleine Steine, kleine Fugen) ist gut zu befahren (Abb. 10.4). Auf gröberem Pflaster gibt es unangenehme Stöße in Arme und Rücken. Es kann auch gefährlich werden, z. B. durch einen hochstehenden Pflasterstein oder Spalten, die so groß sind, dass die Reifen stecken bleiben.[6] Bei der Tour de France gilt Paris–Roubaix als das härteste Pavé.

10.6 Kanten an Kreuzungen

Für den Übergang an Kreuzungen empfehlen wir, sich an den markierten Steinen für Menschen mit Sehbehinderungen zu orientieren (Abb. 10.5). Wenn die Riffelung quer zur Fahrbahn liegt, ist i. d. R. keine Kante vorhanden. 100%ig kann man sich allerdings nicht darauf verlassen, wir haben auf unseren Touren auch Kanten entdeckt, wo eigentlich keine sein sollten, sodass man besser zweimal hinschaut, bevor man drüberfährt.

---

[6] Kopfsteinpflaster und andere (Radfahr-)Probleme – Campusrauschen.

Abb. 10.5 Kante (links) und keine Kante (rechts) an einer Kreuzung in Darmstadt

10.7 Aufteilung des Straßenraums

Die Aufteilung des Straßenraums zwischen Gehenden, Radfahrenden, Auto-, Lkw- und Busfahrenden nach aktuellem Planungsstand beschreibt Hupfer (2023). Für Radfahrende sind in jeder Fahrtrichtung 1,25 m vorgesehen. Auto- und Lkw-Fahrende müssen allerdings innerorts schon 1,5 m Abstand beim Überholen von Radfahrenden einhalten. Diese müssen zudem in 1,5 m Abstand vom Fahrbahnrand radeln. Außerhalb geschlossener Ortschaften sind von Auto- und Lkw-Fahrenden 2 m Abstand einzuhalten. Obwohl die Publikation von Hupfer erst 2023 erschienen ist, ist die Planung bereits wieder überholt angesichts der zunehmenden Zahl elektrifizierter Räder und Roller, die auch den Radweg benutzen.

Um einen Überblick über die Radwegeinfrastruktur in Deutschland zu bekommen, wurde eine Literaturrecherche auf *Google Scholar* durchgeführt. Stichprobenweise wurden ähnliche Abfragen für bekanntermaßen radfahrendenfreundliche Länder wie Dänemark erstellt. Folgende Suchbegriffe wurden dafür verwendet: Radweg, *bike OR bicycle infrastructure, bike path width,* Kopenhagen Rad, *Copenhagenize-Index, bikeability.* Dabei wurden für jeden Suchbegriff die ersten 50 Ergebnisse betrachtet und diejenigen Artikel, die sich mit Infrastruktur beschäftigten und seit dem Jahr 2000 veröffentlicht worden waren, wurden aufgenommen. Die Ergebnisse finden sich in Tab. 10.1. Zusätzlich in der Tabelle enthalten sind Veröffentlichungen, welche in der Literatursuche zum Erleben und Verhalten gefunden wurden, sich aber auch mit Infrastruktur beschäftigen, dies betrifft die ersten zwei Einträge.

Betrachtet man die Länge der Radwege, dann zeigt sich, dass z. B. Berlin mit 920 km an Radwegen relativ viel Radwegeinfrastruktur im Verhältnis zur Fläche besitzt. Städte wie Kopenhagen gehen aber noch weiter und bieten nicht nur ein großes Netz abgetrennter Radwege, sondern auch autofreie Zonen, grüne Wellen für Radfahrende und bewachte Stellplätze (Pucher et al. 2010). Insgesamt kann man also noch viel an der deutschen Radwegeinfrastruktur verbessern. Dafür sprechen auch die mäßigen Ratings deutscher Städte im adfc-Fahrradklimatest (adfc Allgemeiner Deutscher Fahrrad-Club 2021). Besonders bemängelt wurden dort die geringe Breite der Radwege, die Oberfläche, schlechte Baustellenführung und zu wenige Maßnahmen gegen Falschparkende.

10 Straßenräume

Tab. 10.1 Literaturrecherche zur Radwegeinfrastruktur

Titel	Verfassende	Jahr	Suchbegriffe	Ausgewählte Ergebnisse	Veröffentlichung	Land
Und wie ist Radfahren in deiner Stadt? adfc Fahrradklima-Test 2020	adfc Allgemeiner Deutscher Fahrrad-Club	2020	Fahrrad Bundesländer	Unzufriedenheit mit Breite und Oberfläche von Radwegen, Baustellenführung und Umgang mit Falschparkenden		Deutschland
Infrastructure, programs, and policies to increase bicycling: An international review	Pucher, Dill, Handy	2010	bike OR bicycle international	Längere Radwege: London 500 km Radweg, Bogota 344 km, Berlin 920 km, Paris 399 km, Amsterdam 450 km, Kopenhagen 345 km	Preventive Medicine Volume 50, Supplement, January 2010, Pages S106–S125	International
Den Radverkehr fördern, bessere Bedingungen zum Radfahren in ländlichen Räumen, in Kleinstädten und Dörfern	adfc Mecklenburg-Vorpommern e. V. in Kooperation mit dem Fachausschuss Radverkehr von adfc und SRL	2010	Radweg	Oft Radwege auf dem Gehweg, dadurch Probleme mit Sichtbarkeit der Radfahrenden. Gesetzliche Mindestbreite 1,5 m		Deutschland
Safety impacts of bicycle infrastructure: A critical review	DiGioia, Watkins, Xu, Rodger, Guensler	2017	bike OR bicycle infrastructure	Fahrradstraßen und abgetrennte Radwege am sichersten. Parkende Autos sind gefährlich (dooring – Radfahrende kollidieren mit sich öffnenden Autotüren)	Journal of Safety Research Volume 61, June 2017, Pages 105–119	International
Bike Infrastructure and Design Qualities: Enhancing Cycling	Silva, Jensen, Harder, Madsen,	2011	bike OR bicycle infrastructure	Radwege sollten schnelle Verbindungen schaffen. Rad- und Fußwege sind herausfordernd	Danish Journal of Geoinformatics and Land Management, 46(0105–4570), 65	Dänemark
Making a bicycle city: infrastructure and cycling in Copenhagen since 1880	Emanuel	2019	bike OR bicycle infrastructure	Kopenhagen hat eine lange Radfahrtradition -> Grundstein für heutige Infrastruktur	Urban History, Volume 46, Issue 3, August 2019, pp. 493–517	Dänemark

(Fortsetzung)

Tab. 10.1 (Fortsetzung)

Titel	Verfassende	Jahr	Suchbegriffe	Ausgewählte Ergebnisse	Veröffentlichung	Land
Capacity, Capacity Drop, and Relation of Capacity to the Path Width in Bicycle Traffic	Wierbos, Knoop, Hänseler, Hoogendoorn	2019	bike path width	Die Kapazität von Radwegen steigt linear mit der Breite	Transportation Research Record 2019, Vol. 2673(5) 693–702	Niederlande
Is the widespread use of urban land for cycling promotion policies cost effective? A Cost-Benefit Analysis of the case of Seville	Brey, Castillo-Manzano, Castro-Nuño, López-Valpuesta, Marchena-Gomez, Sánchez-Braza,	2017	Copenhagenize-Index	Investition in Radinfrastruktur senkt Umweltverschmutzung, verbessert Gesundheit	Land Use Policy Volume 63, April 2017, Pages 130–139	Spanien
Exploring Bikeability Urban Infrastructure and Bicycle Transport	Hardinghaus	2021	bikeability	Radwege an vielbefahrenen Straßen erhöhen Radtauglichkeit	Dissertation, Humboldt-Universität zu Berlin	Deutschland
The Dutch Reference Study Cases of interventions in bicycle infrastructure reviewed in the framework of Bikeability	Van Goeverden, Godefrooij	2011	bikeability	Plätze sollten mit dem Rad erreichbar sein, man muss Räder kaufen und reparieren lassen können, abgetrennte Radwege gut		Niederlande
Studies on bikeability in a metropolitan area using the active commuting route environment scale (ACRES)	Wahlgren	2011	Bikeability	Radfahrende bevorzugen schöne, grüne, sichere und direkte Wege.	Dissertation, Örebro Universität	Schweden

Abb. 10.6 Zwei E-Roller von TIER, geparkt in Darmstadt vor dem Ampelübergang Martin-Luther-King-Ring, Ecke Frankfurter Straße

Zum weiteren Ausbau von Radwegen gibt es außerdem einige Empfehlungen in der Literatur. So sind abgetrennte Radwege wünschenswert (DiGioia et al. 2017; Van Goeverden und Godefrooij 2011), vor allem an Hauptstraßen (Hardinghaus 2021). Diese sollten schnelle und direkte Verbindungen schaffen (Silva et al. 2011; Wahlgren 2011).

Die Mehrheit der gefahrenen Testkilometer war gekennzeichnet von Gefahren nach fünf Seiten: Radwege rechts und links zu schmal, schnell von hinten heran- und dicht auffahrende Pkw sowie andere Radfahrende, Hindernisse vorne wie auf Radwegen parkende Autos oder Roller (Abb. 10.6) und schadhafte Fahrbahnen unten.

Neuerdings muss der Straßenraum auch geteilt werden mit E-Rollern. Oft werden diese mitten im Weg abgestellt, wie z. B. in Abb. 10.6 dokumentiert auf einem Ampelübergang.

Es gibt aber auch vorbildlich geparkte E-Roller, wie die Fotos in Abb. 10.7 zeigen.

Auf vielen Radwegen sind auch Bordsteinkanten zu überwinden. Es ist empfehlenswert, stets die niedrigste Kante zu suchen. Oft gibt es Hinweise, wie die gepunkteten und gestreiften Wege für Menschen mit Sehbehinderung. Die quergestreifte Linie ist normalerweise die niedrigste Kante, hier überqueren auch Rollstuhlfahrende.

Abb. 10.7 Drei E-Roller von TIER geparkt vor dem Gebäude Alexanderstraße 10, Ecke Magdalenenstraße in Darmstadt

Fazit: Jedes Jahr verunglücken Radfahrende. Ein häufiger Faktor dafür ist der Fahrbelag. Besonders gefährlich und häufig sind Unter- bzw. Oberführungen, Straßenbahnschienen, glatte Oberflächen, Kopfsteinpflaster mit großen Spalten und Kanten an Kreuzungen. Die Radwegeinfrastruktur ist in Deutschland noch ausbaufähig, wie eine Literaturübersicht gezeigt hat. Neben dem Fahrbelag wird auch die Breite von Radwegen kritisiert.

10.8 Sustainable and Health-Oriented Transport Planning and Urban Planning

Sustainable and Health-Oriented Transport Planning and Urban Planning (SHOTUP) ist ein Forschungsprojekt der Technischen Universität Darmstadt in Kooperation mit der Vietnamesisch-Deutschen Universität in Ho Chi Minh City (Boltze et al. 2021). Es beschäftigt sich mit der Frage, wie Stadtstrukturen, Verkehrssysteme und Gesundheit zusammenhängen. Der Fokus liegt dabei auf der Luftverschmutzung in Städten. Um diese genauer zu beleuchten, wurden zwei Feldstudien in Frankfurt am Main und in Ho Chi Minh City (Vietnam) durchgeführt. Im Folgenden sollen vor allem die Ergebnisse der Studien in Bezug auf das Radfahren berücksichtigt werden. Es konnte gezeigt werden, dass Radfahrende im Vergleich mit anderen Verkehrsteilnehmenden (u. a. Pkw, ÖPNV) mehr Schadstoffen ausgesetzt sind. Die Belastung lag dabei teilweise deutlich über dem von der *World Health Organization* empfohlenen Richtwert. Dies war vor allem zu Stoßzeiten und bei Routen nahe stark befahrener Straßen der Fall. Ausgehend von den Ergebnissen wurden verschiedene Maßnahmen vorgeschlagen, u. a. mehr Grünflächen, mehr Radwege, verkehrsberuhigte Bereiche, kurze Wege, Luftfilteranlagen.

SHOTUP stellt den Zusammenhang von Stadtstrukturen, Verkehrssystemen und Gesundheit dar. Der Fokus liegt dabei auf der Luftverschmutzung. Besonders Radfahrende sind vielen Schadstoffen ausgesetzt. Dies sollte z. B. mit mehr Radwegen und Grünflächen verbessert werden.

Das Pedelec 11

Christin Cornel

Nachdem die Straßenräume beschrieben wurden, wenden wir uns nun dem Pedelec im Allgemeinen zu. Das darauf folgende Kapitel wird die Pedelecs und Fahrräder vorstellen, die wir getestet haben.

Bei einem Pedelec handelt es sich um ein Fahrrad, welches mit einem Motor ausgestattet ist. Dadurch erreicht es höhere Geschwindigkeiten, hat aber auch einen längeren Bremsweg. Beim Kauf eines Pedelecs sind zahlreiche Faktoren wie Akku- und Motorleistung zu beachten.

Die Deutsche Gesetzliche Unfallversicherung e. V. beschreibt in einem Bericht ausführlich das Pedelec 25. Dabei handelt es sich um ein E-Bike, bei dem das Treten durch einen Motor bis 25 km/h unterstützt wird. Die Ausführungen und Anwendungsmöglichkeiten des Rads sind vielfältig. Sie können ein- bis mehrspurig sein und auch zur Beförderung von Lasten oder Personen genutzt werden. In Städten könnte dieses Fahrrad eine Alternative zum Transport von einzelnen oder mehreren Personen und Waren mit Pkw darstellen. Im Folgenden soll auf einige Details aus dem Bericht eingegangen werden.

Das Rad besitzt einen Motor mit einer Leistung von maximal 250 W (DGUV 2015). Des Weiteren sind zwei unabhängige Bremsen, eine Glocke, ein Scheinwerfer, eine Schlussleuchte, ein Rückstrahler (bis hier alles gesetzlich vorgeschrieben) und eine Lenkeinrichtung unabdingbar. Weitere Zusatzausrüstungen wie ein Gepäckträger oder eine Schaltung sind möglich.

Pedelecs haben im Vergleich zu konventionellen Rädern einen längeren Bremsweg aufgrund ihres höheren Gewichts und ihrer Geschwindigkeit (DGUV 2015). Die höhere Geschwindigkeit bedeutet außerdem, dass es wichtig ist, auf Geschwindigkeitsbegrenzungen zu achten. Wenn Pedelecs mit einem Frontantrieb ausgestattet sind, verändert sich außerdem das Kurvenverhalten. Nach jeder Fahrt sollte der Akku geladen werden.

C. Cornel (✉)
FAI, TU Darmstadt, Aschaffenburg, Deutschland

Es gibt zahlreiche Faktoren, die es beim Kauf eines neuen Pedelecs zu beachten gilt, um die beste Wahl für den individuellen Anwendungszweck zu treffen (DGUV 2015). Zunächst sollte man sich überlegen, in welchem Kontext das Rad verwendet werden soll, z. B. bei welchem Wetter und in welchem Gelände. Man sollte sich außerdem Gedanken machen, wie viel Ladung man mit dem Rad transportieren möchte und die maximale Ladekapazität sowie die Möglichkeiten zur Gepäckanbringung betrachten. Auch sollte die Art der Schaltung, der Motor (Gewicht, Lage und Leistung), die Bremsen, die Lichter, die Pedale, der Ständer und die Lenkung in die Überlegungen einbezogen werden. Außerdem sollte auf Merkmale des Akkus wie Garantie, Ladezeit und -kapazität geachtet werden. Eine angemessene Diebstahlsicherung ist ebenfalls sehr wichtig (s. Kap. 22). Zuletzt sollten auch Nachweise und Dokumente beachtet werden, wie die CE-Kennzeichnung, Prüfberichte und andere Kennzeichnungen.

Die Testräder

12

Joachim Vogt, Ulrich Klingler, Otilia Pasnicu, Niklas Seeger
und Fritz Stegemann

Inhaltsverzeichnis

12.1	Riese & Müller Charger 3	76
12.2	Riese & Müller Avenue Damenrad	77
12.3	Riese & Müller Cruiser	79
12.4	eBM-Bike e-bike manufaktur/Continental	80
12.5	Kalkhoff-Rad	83
12.6	Cargopedelec Thildas Eisfahrrad	84
12.7	Columbus Safari	86
12.8	Mars	88

In diesem Kapitel werden die Pedelecs und Fahrräder vorgestellt, mit denen die berichteten Touren gefahren worden sind. Für alle Räder werden Rahmen/Federung, Bremsen, Gangschaltung und Beleuchtung dargestellt, für die Pedelecs zusätzlich elektronische Steuerung und Motorleistung.

Fritz Stegemann contributed equally with Niklas Seeger in the report about the Cargo-Pedelec, with all other contributor.

J. Vogt (✉) · O. Pasnicu
FAI, TU Darmstadt, Darmstadt, Deutschland
E-Mail: joachim.vogt@tu-darmstadt.de; otilia.pasnicu@tu-darmstadt.de

F. Stegemann (✉)
Hochschule Darmstadt, Darmstadt, Deutschland
E-Mail: fritz.stegemann@stud.h-da.de

U. Klingler
Zweirad Schneider, Langen (Hessen), Deutschland

N. Seeger
Hochschule Darmstadt, Darmstadt, Deutschland
E-Mail: niklas.seeger@stud.h-da.de

© Der/die Autor(en), exklusiv lizenziert an Springer-Verlag GmbH, DE, ein Teil von Springer Nature 2025
U. Klingler, J. Vogt (Hrsg.), *Pedelecs – Mensch, Technik, Straßenraum*,
https://doi.org/10.1007/978-3-662-70959-7_12

12.1 Riese & Müller Charger 3

Joachim Vogt and Ulrich Klingler

Rahmen/ Federung	Stabiler Rahmen, Federung vorne und unter dem Sattel (Federsattelstütze); alles gut bis auf die Sattelfederung, die wenig dämpft und sich zudem oft löst
Bremsen	Scheibenbremsen vorne und hinten; sehr gute Bremswirkung; dosiert bremsen ist wichtig
Gangschaltung	Stufenlose NuVinci-Übersetzung; vermittelt über 2 Züge im rechten Griff; leider schwergängig und fehleranfällig
Beleuchtung	Es traten keine Probleme auf
Elektronische Steuerung	Das Elektronikdisplay von Bosch ist intuitiv nutzbar. Alle relevanten Informationen, s. u. können leicht abgerufen werden. Da das Display abnehmbar ist, kann Diebstählen vorgebeugt werden
Motorleistung	Der Boschmotor ist robust, agil und kräftig. Testsieger in unserer Studie

Das Riese & Müller Rad Charger 3 wurde im Oktober 2019 neu für 4509 € gekauft. Zwei männliche Probanden (Vp01, 53 Jahre, Vp03, 45 Jahre alt) fuhren es rund 8500 km bis.

Das Rad wird an der Lenkermitte durch das Steuerungsmodul eingeschaltet. Am linken Griff befindet sich ein Kippschalter mit + und −. Durch seine Betätigung kann die Motorunterstützung hoch- bzw. runtergeregelt werden. Im Display erscheinen die Modi Eco, Sport, Tour und Turbo. Die Knöpfe sind komfortabel zu erreichen und leicht zu bedienen. Zwischen + und − befindet sich i für Information. i bestimmt, was am Display in der Lenkermitte angezeigt wird. Außer dem Unterstützungsmodus können Uhrzeit, *Trip Time*, Akkuladung und gefahrene Kilometer insgesamt angezeigt werden. Für die aktuelle Fahrt, die bestehende Akkufüllung und Unterstützungsleistung wird die Reichweite berechnet. Man kann verschiedene Sprachen einstellen. Das Display in der Lenkermitte verfügt ebenfalls über einen i-Schalter. Das Rad hat eine stufenlose Übersetzung, die am rechten Griff mittels Drehschalter verändert wird. Eher als *Gadget*, denn als notwendig, zeigt ein Display unter dem Drehschalter eine*n Radfahrende*n auf gerader Strecke (höchster Gang), die durch Drehen des Übersetzungsrings nach vorn zu einem steilen Berg wird (Berggang). Der *Sweet Spot*, die optimale Einstellung von Trittfrequenz, Übersetzung und Motorunterstützung ist sehr leicht zu finden. Das Steuerungsmodul kann durch Betätigen eines Arretierungshebels sehr leicht abgenommen und wieder aufgeschoben werden. Dies ist von Vorteil bei längeren Stopps, denn zur Prävention von Diebstählen kann der bzw. die Fahrende es leicht mitnehmen. Das Steuerungsmodul allein kostet 140 € und ist damit bereits ein attraktives Diebesgut. Das Rad ohne Steuerungsmodul ist erheblich wertgemindert, also nicht verkaufbar für Diebe. Das Steuerungsmodul abzunehmen, schützt daher vor kleinem und großem Diebstahl.

Das Charger 3 wiegt 28 kg. Das zulässige Gesamtgewicht beträgt 140 kg.

Die Benutzung von Treppen und Aufzügen ist eine Herausforderung (s. Abb. 24.1).

Abb. 12.1 Riese & Müller Charger 3

Die Steuerung und der Akku sind von Bosch. Der Akku musste anderthalb Jahre nach Anschaffung getauscht werden, nachdem er aus nur wenigen Zentimetern Höhe auf den Boden gefallen war. Diese Reparatur war knapp 1000 € teuer. Der Zahnriemen riss durch Überlastung in schlammigem Grund (der Hinterreifen war bis zu den Speichen eingesunken). Allerdings war er bereits vorgeschädigt, weil er vom Zahnrad gezogen worden und zwischen Zahnrad, Speichen und Rahmen eingeklemmt worden war, als sich der Spanngurt des Gepäckträgers in den Speichen verhakt hatte. Der Übersetzungszug musste ebenfalls nach 18 Monaten ausgetauscht werden (Abb. 12.1).

12.2 Riese & Müller Avenue Damenrad

Otilia Pasnicu and Joachim Vogt

Rahmen/Federung	Stabiler Rahmen, Vollfederung mit Federgabel vorne und Schwingenfederung hinten, tiefer Einstieg, Damenrad
Bremsen	Magura hydraulische Felgenbremsen
Gangschaltung	Automatik
Beleuchtung	Es traten keine Probleme auf
Elektronische Steuerung	Das Elektronikdisplay von Bosch ist intuitiv nutzbar. Alle relevanten Informationen können leicht abgerufen werden. Da das Display abnehmbar ist, kann Diebstählen vorgebeugt werden
Motorleistung	Der Boschmotor ist robust und agil, aber nicht so kräftig

Das Rad wurde im Januar 2020 gebraucht gekauft für 1199 €. Eine männliche (Vp01, 53 Jahre) und zwei weibliche (Vp02, 39 Jahre, Vp04, 38 Jahre) Personen testeten dieses Rad.

Abb. 12.2 Riese & Müller Damenrad Typ Avenue

Das Avenue hat dieselbe Steuerungseinheit wie das Charger 3. Wie das im Abschn. 12.3 vorgestellte Cruiser-Rad hat es jedoch keine stufenlose NuVinci-Übersetzung, sondern eine Automatik.

Das Kabelschloss im hinteren Rahmenrohr des Avenue ist sehr einfach zu handhaben. Es ist lang genug, um an Laternenpfählen o. Ä. angeschlossen zu werden. Dennoch bietet es wie das Rahmenschloss des Cruisers nur eingeschränkten Schutz. Das Kabel ist mit einem Bolzenschneider schnell zu durchtrennen und auch der Schlosszylinder kann abgesägt oder abgeschlagen werden (Abb. 12.2).

Vp02 monierte, dass das Fahrrad sich für eine Dame als recht schwer erweist, was das Mitnehmen in öffentlichen Verkehrsmitteln, Aufzügen und auf Treppen erschwert. Ein positiver Aspekt ist jedoch, dass sich der Akku (unter dem Gepäckträger) leicht vom Fahrrad trennen und separat laden lässt. Dies ist besonders praktisch für Personen in Wohnungen, da das Fahrrad nicht zum Aufladen in die Wohnung getragen werden muss.

Ebenfalls Vp02 berichtete, dass sich das Fahren anfühle, als wäre frau ständig im ersten Gang. Dies kann zu negativen Gefühlen wie Langeweile und Frustration oder auch Kontrollverlust führen. Zudem ist das Rad nicht in der Lage, leichte Hügel zu bewältigen. Trotz sehr guter Online-Bewertungen erreicht das Rad in unserer Stichprobe nur einen mittleren Platz. Die Bremsen am Vorderrad können sehr leicht gelöst werden, was regelmäßige Überprüfungen erforderlich macht. Dies könnte gefährlich werden, da sie jederzeit von jemandem gelöst werden können.

Vp01 entdeckte noch eine gefährliche Besonderheit des Rades: Durch den niedrigen Einstieg sind die Pedalen im runtergetretenen Zustand nur noch 10 cm entfernt vom Boden. Sitzt eine schwere Person im Sattel, sind es durch die weiche Federung nur noch 5 cm. In einer Kurve können sie dann aufsetzen und zum Sturz führen. Fahrende müssen sich angewöhnen, in einer Rechtskurve die rechte Pedale oben zu halten und in einer Linkskurve entsprechend die linke. Vp01 empfand die Vollfederung als sehr angenehm. Im Gegensatz zu allen anderen Rädern wurden Stöße durch das Überfahren von Bordsteinkanten, Bodenwellen oder Schlaglöchern weitestgehend abgefedert und nicht an den Körper (Arme, Gesäß, Wirbelsäule) weitergegeben.

12.3 Riese & Müller Cruiser

Joachim Vogt and Ulrich Klingler

Rahmen/Federung	Stabiler Rahmen, Federgabel und Federsattelstütze
Bremsen	Magura hydraulische Felgenbremsen
Gangschaltung	Automatik
Beleuchtung	Es traten keine Probleme auf
Elektronische Steuerung	Das Elektronikdisplay von Bosch ist intuitiv nutzbar. Alle relevanten Informationen können leicht abgerufen werden. Da das Display abnehmbar ist, kann Diebstählen vorgebeugt werden
Motorleistung	Der Boschmotor ist robust, agil, aber nicht so leistungsstark wie der des Chargers

Das Cruiser-Rad von Riese & Müller wurde gebraucht für 990 € im Januar 2021 erworben. Vp01 testete dieses Modell. Es hat dieselbe Steuerungseinheit wie das Charger 3 und das Avenue-Rad. Der Akku ist optisch sehr schön in einer Ledertasche untergebracht. Er ist allerdings nur sehr schwer zu demontieren. Die Demontage ist notwendig für den Ladevorgang, weil die Buchse im eingebauten Zustand nicht erreichbar ist. Das Rad hat serienmäßig ein völlig unzureichendes Rahmenschloss. Es taugt lediglich für kurze Stopps, bei denen das Rad nicht aus den Augen gelassen wird, um zu verhindern, dass Stehlende aufspringen und davonfahren. Aufgrund der schlechten Diebstahlsicherung wurde das Rad kurz nach dem Einkauf für 990 € im März 2020 gestohlen und es konnten kaum Testkilometer gefahren werden (Abb. 12.3).

Abb. 12.3 Riese & Müller Rad Typ Cruiser

12.4 eBM-Bike e-bike manufaktur/Continental

Joachim Vogt and Ulrich Klingler

Rahmen/ Federung	Stabiler Rahmen, Federgabel vorne und Federsattelstütze hinten
Bremsen	Scheibenbremsen vorne und hinten; sehr gute Bremswirkung; dosiert bremsen ist wichtig
Gangschaltung	Kettenschaltung 27 Gänge
Beleuchtung	Es traten keine Probleme auf
Elektronische Steuerung	Das Elektronikdisplay von Continental ist abnehmbar, um Diebstählen vorzubeugen. Nicht so hilfreich sind manche Anzeigen wie Leistung in Watt; die Reichweitenanzeige kann man über das Einstellungsmenü leider nur kompliziert zuschalten, dabei ist sie, was die Fahrenden interessiert, nicht die Wattzahl
Motorleistung	Der Continental-Motor ist agil und kräftig, aber nicht robust, denn Vp05 musste einen Motorschaden erleben

Das eBM-Rad (e-bike manufaktur) wurde im Februar 2021 gebraucht gekauft für 2500 €. Zwei männliche Probanden (55 und 21 Jahre alt) testeten es. Sie waren sich in der Bewertung fast immer einig, daher wird nur Dissens gekennzeichnet.

Die Motorunterstützung gibt eBM in Watt an. Bei Riese & Müller heißen die Stufen Eco, Tour, Sport, Power. Das Kalkhoff-Rad, beschrieben im nächsten Kapitel, hatte nur 3 Stufen: Eco, Sport und Power (Abb. 12.4).

Bei der Entwicklung des eBM-Rades scheint Design vor Funktionalität gegangen zu sein. Dafür spricht zum einen die Klingel, die in der grün-metallic Lackierung gut zum *Corporate Design* von eBM passt, jedoch nach wenigen Betätigungen durch den Bruch der Feder unbrauchbar wurde. Ein zweiter Punkt sind die Druckschalter am linken Griff für Einschalten, Menüführung und Lampe. Sie sind klein und unauffällig, aber ihre Betätigung fällt schwer. Das Einschalten des eBM-Bikes

Abb. 12.4 Pedelec von eBM (e-bike manufaktur) mit Elektronik und Motor von Continental

geht am linken Griff und am aufsteigenden Rahmenrohr. Beide Schalter sind unkomfortabel. Der Schalter am Lenker muss mit spitzen Fingern, im schlimmsten Fall mit dem Fingernagel, länger gedrückt werden. Auch der Knopf des aufsteigenden Rahmenrohres muss unbequem lange gedrückt werden. Die Motorschaltung mit Kippschalter funktionierte nicht immer flüssig, es bedurfte zum Teil mehrmaligen Drückens, um die Motorleistung zu verändern.

Die Ladezeit beträgt für das eBM-Bike bei kompletter Entladung 4 h bis zur vollständigen Ladung. Die Ladestandanzeige ist sehr ungenau. Selbst wenn noch ein Drittel Ladung angezeigt wird, schaltet das Fahrrad aus. Die Auflösung der Anzeige (die restlichen zwei Drittel) ist schlecht. Eine Prozent- oder Reichweitenanzeige wäre sehr empfehlenswert. Man kann allerdings auch ohne Motorunterstützung noch einige Meter weiterfahren. Die Kettenschaltung ist dafür gut geeignet, besser als die stufenlose Zahnriemenschaltung der *Riese & Müller*-Fahrräder. Nach etwas Zeit hat sich der Akku des eBM-Bikes erholt. Man kann wieder einschalten. Auf diese Weise konnten auf der B3 von der Kreuzung mit der B42 Richtung Norden noch die drei nächsten Anstiege mit Motorunterstützung bewältigt werden. Die Motorleistung schaltet sich auf null, sobald das Bike ausgeschaltet wird. Vergisst man das und erhöht nicht direkt vor Antritt die Motorleistung, muss man stark antreten.

Das Steuermodul ist von Continental und kann wie die Boschmodule auf den *Riese & Müller*-Rädern ohne Werkzeug abgenommen werden. Am linken Griff befinden sich die Knöpfe On/Off, M für Menü und für Lampe. Mit M kann man auf dem Display blättern. Je eine Seite zeigt:

- CLK *Clock* für die Uhrzeit und *Trip Time* für die Zeit, die man bzw. frau auf der aktuellen Tour bereits unterwegs ist
- RPM und PWR für *Rounds Per Minute* (Umdrehungen pro Minute) und *Power* (Leistung)
- Kilometer gesamt und Kilometer für die aktuelle Tour

Die Anzeigen im Display des eBM-Bikes sind nicht konsistent und nicht intuitiv. Es werden deutsche und englische Abkürzung gemischt, so z. B. CLK für „*Clock*" oder A in dem Lampensymbol für „an". Anfangs dachte der erste Tester, A stünde für „aus"; die Anzeige ist also sehr missverständlich. Die Menüführung ist deutlich weniger intuitiv und unübersichtlicher im Vergleich zu den *Riese & Müller*-Rädern. Manche Angaben sind wenig hilfreich, wie z. B. die Motorleistung in Watt.

Als Schutz für die Fahrenden und ihre Beinkleider haben eBM und Continental ihr Fahrrad mit einem 45 cm langen *Chain Glider* versehen. Leider war dieses Teil wenig robust und nach wenigen Kilometern zerstört (Abb. 12.5).

Auf der Testfahrt vom 8. Oktober 2021 durch das Sauerland stellte sich als bedeutsamer Nachteil des eBM-Rades heraus, dass beim Antritt der Motor nicht sofort mithilft. Erst nach einigen Pedalzyklen stellt sich die Motorunterstützung ein. Insbesondere beim Einfahren in einen Radweg oder auch beim Anfahren am Berg verursachte dieser Umstand erheblichen Ärger.

Die Gangschaltung des eBM-Bikes hat rechts zwei Hebel. Mit dem rechten Daumen wird unter dem Lenker ein Hebel gedrückt, bei vollem Durchzug schaltet man vier

Abb. 12.5 *Chain Glider*

Gänge runter. Insgesamt gibt es 9 Gänge. Der rechte Zeigefinger zieht einen Hebel, der jeweils einen Gang hochschaltet. Diese Schaltung entspricht den meisten konventionellen Rädern und erfordert keine Umgewöhnung. Obwohl diese Gangschaltung nicht stufenlos ist, ist der *Sweet Spot* ebenso leicht zu finden wie beim Charger 3.

Gegenüber dem Charger 3 hat das eBM-Bike den Vorteil, dass der Lenker bis auf 90° nach rechts und links eingeschlagen werden kann. Das Rad ist dadurch wesentlich wendiger, z. B. in den Aufzügen. Natürlich führt eine Lenkerstellung von 90° während der Fahrt zum sofortigen Sturz. Dass dies einem Radelnden passiert, ist jedoch wesentlich unwahrscheinlicher, als dass in Aufzügen die 90° von Vorteil sind.

Zum eBM-Bike gab es nur einen Schlüssel für das Akkufach. Als dieser verloren ging, musste der Zylinder des Schlosses aufgebohrt werden.

Das Rad wiegt 29 kg und das zulässige Gesamtgewicht beträgt 140 kg.

Der Akku im eBM-Rad war leider bereits im ersten Jahr defekt. Wenige Tage nach dem Wechseln des Akkus kam es vor, dass die Steuerung der Motorleistung ausfiel. Es konnte weder hoch- noch runtergeregelt werden. Ausschalten und wieder Einschalten belebte die Steuerung wieder. Dieser Vorfall kam mehrmals am Tag vor. Schließlich blieb Vp05 am 19.12.2021 mit Motorschaden liegen. Die Reparatur gestaltete sich schwierig, weil Continental inzwischen aus dem Pedelec-Geschäft ausgestiegen war. Über persönliche Kontakte gelang es, in der Cycle Union jemanden aufzutreiben, der sich dieses Problems annahm. Der Fehler bestand darin, dass das eBM-Rad die Motorunterstützung häufig ausschaltete auf null und sie dann auch nicht mehr hochgeregelt werden konnte. Der subjektive Eindruck der beiden Versuchspersonen war, dass dies insbesondere dann der Fall war, wenn ein plötzlicher Anstieg durch einen scharfen Antritt angegangen wurde und/oder wenn die Batterie einen geringen Ladestand hatte. Trat das Problem zunächst bis zu zehnmal auf zwanzig Kilometern auf, wurde es zunehmend seltener, konnte aber nie ganz behoben werden.

Im Winter 2020/21 wurden für das eBM-Rad Spike-Reifen angeschafft. Diese bewältigen ohne große Mühe schnee-, eis- oder schlammbedeckte Untergründe. Auch bei Spurrillen von land- und forstwirtschaftlichen Fahrzeugen erwiesen sie sich als vorteilhaft. Die anderen Fahrräder mit normalen Reifen hatten dabei erhebliche Probleme und es kam auch zu Stürzen und Stillständen auf Untergründen, die Fahrende des eBM-Rads mit Spikes mühelos bewältigten.

12.5 Kalkhoff-Rad

Joachim Vogt and Ulrich Klingler

Rahmen/Federung	Stabiler Rahmen, Federgabel vorne und Federsattelstütze hinten
Bremsen	Vorne und hinten Rollenbremsen mit Seilzug
Gangschaltung	8-Gang-Freilaufversion Nabenschaltung
Beleuchtung	Nabendynamo vorne
Elektronische Steuerung	Das Elektronikdisplay von Impulse ist intuitiv nutzbar. Alle relevanten Informationen, s. u., können leicht abgerufen werden
Motorleistung	Der Impulse-Motor ist robust und agil, aber nicht so kräftig wie der Motor des Chargers

1431 € kostete dieses Fahrrad im gebrauchten Zustand im November 2021. Es wurde von Vp01 getestet, 55 Jahre alt. Das Kalkhoff-Rad ist mit einem Minidisplay von Impulse ausgestattet. Es zeigt 2 Reihen Rechtecke, die den Ladestand des Akkus und die Motorunterstützung darstellen (Eco, Tour, Sport, Power). Wie beim Charger 3 steht Sport für maximale Motorunterstützung, also die geringste Fahrendenbelastung. Es ist wichtig, dass die Fahrenden sich klarmachen: Die Anzeige „Sport" steht für die kleinste sportliche Aktivität. Ist ein Segment des Ladestandes leer, dann beginnt es zu blinken. Dieses Blinken bleibt bestehen, auch wenn die Information bei dem bzw. der Fahrenden längst angekommen ist. Dies zieht unnötig die Aufmerksamkeit auf sich, kurz gesagt: Es nervt. Das Display ist kompakt und intuitiv nutzbar. Leider ist es aber auch so klein, dass Menschen mit Sehschwäche zu Beginn ihrer Interaktion mit dem Rad die Anzeigen nicht lesen können. Dies ist kein gravierender Mangel, denn einmal im Stehen gesehen und gelernt, erübrigt erneutes Lesen.

Mit dem Kalkhoff-Rad fuhr Vp01 am 06.12.2021 von Langen nach Messel, südlich und nördlich der L1733. Ein Teil der Strecke wird unter dem Titel „Fahrradtour nach Messel" im Tourenteil des elektronischen Zusatzmaterials beschrieben (Abb. 12.6).

Links am Lenker befindet sich der Einschalter. Im Gegensatz zum eBM-Bike, dessen Einschalter an dergleichen Stelle ist, lässt sich das Kalkhoff-Rad sehr gut einschalten. Außer dem Einschalter ist hier der Kippschalter verbaut, mit dem die Motorleistung erhöht (+) oder erniedrigt (−) wird. Die Symbole leuchten blau und sind so im Dunklen leicht zu finden.

Das Display in der Mitte des Lenkers ist im Vergleich mit den Displays der anderen Räder sehr klein. Groß angezeigt wird die Geschwindigkeit. Auch der Ladestand ist gut sichtbar mit der Darstellung einer Batterie, die zehn Felder hat, wenn sie vollgeladen ist. Die Unterstützungsmodi reichen von keiner Unterstützung über Eco und Sport hin zu Power. Sie werden in der Mitte des Displays in einer Zeile klein angezeigt. Dies während der Fahrt zu lesen ist, insbesondere für fehlsichtige Menschen,

Abb. 12.6 Kalkhoff-Rad

schwierig, jedoch wird keine Unterstützung ganz rechts und Powerunterstützung ganz links angezeigt, sodass der bzw. die Fahrende auch ohne zu lesen aufgrund der Stellung Bescheid weiß. Ein Drehschalter für die Gänge befindet sich am rechten Lenker. Auch hier wird mit plus und minus die Richtung und mit 1 bis 8 der Gang angezeigt. Eine Drehung nach vorn schaltet einen Gang runter. Der neue Gang ist erst eingelegt, wenn das Treten kurz pausiert – wie beim eBM-Rad und allen anderen Rädern mit Stufenschaltung. Die Motorunterstützung ist deutlich spürbar, jedoch unterscheiden sich die Stufen Eco, Sport und Power kaum.

Der niedrige Einstieg ist fantastisch. Ebenso die Federung vorne und am Sattel.

Mit voller Ladung unterstützt das Rad 75–80 km und erreicht damit unter allen Testrädern die beste Reichweite.

Das Rad wiegt 26 kg und das zulässige Gesamtgewicht beträgt 130 kg.

Leider beendete ein Defekt in der Elektrik ein Jahr nach Kauf die Karriere als Testfahrrad. Es konnte geklärt werden, dass der Akku sich laden lässt und der Fehler in der Elektrik zwischen Akku und Motor liegen muss. Von der Reparatur wurde abgesehen.

12.6 Cargopedelec Thildas Eisfahrrad

Niklas Seeger and Fritz Stegemann

Rahmen/Federung	Stabiler Rahmen, vorne langgezogen und verbunden mit dem Hinterrad durch ein Gelenk; vorderer Teil mit der Grundfläche eines Vierecks, an dem seitlich die Vorderräder starr befestigt sind; keine Federung
Bremsen	Hinten Magura HS22; vorne Magura Mt4 mit größeren Scheiben (180 mm)
Gangschaltung	Enviolo stufenlose 50–350 % Übersetzung
Beleuchtung	STVO-Beleuchtung und beleuchtete Verkaufsfläche
Elektronische Steuerung	Bafang-Display; Motorunterstützung 1 bis 5
Motorleistung	250-W-Bafang-Mittelmotor; Motorisierung könnte stärker sein

12 Die Testräder

Das Eisfahrrad wurde 2017 als Prototyp für 12000 € von Thildas Eis bei der Firma Paul & Ernst erworben. Das Fahrrad war ab da jeden Sommer bei Eisverkäufen in einem Umkreis von ca. 15 km selbstfahrend im Einsatz. Vp07 und Vp08 beschäftigten sich mit diesem Rad.

Der Grundaufbau des Fahrrads ist ein Dreiradsystem, bestehend aus zwei Teilen. Der hintere Teil ist langgezogen und verbindet das Hinterrad durch ein Gelenk mit dem vorderen Teil. Der vordere Teil entspricht der Grundfläche eines Vierecks, an dem seitlich die Vorderräder starr befestigt sind. Durch Drehen des gesamten vorderen Teils kann das Fahrrad gelenkt werden. Die gesamte Rahmenkonstruktion wurde aus Stahl geschweißt und wiegt alleine geschätzt 30 kg. Auf der gelagerten Fläche wurde eine Art Karosserie aus Aluminium-Wabenverbundplatten gebaut. Diese dient als tragende Hülle und fixiert die Kühltruhe für Eis, Elektronik und Wassersystem.

Durch den Verschleiß der letzten Jahre wurde das Fahrrad sehr in Mitleidenschaft gezogen. Deshalb hat sich die Firma Thildas Eis dazu entschieden, das Fahrrad von Grund auf neu aufzubauen. Dabei war der Anreiz immer wiederkehrende Probleme zu lösen. Beispiele dafür sind einerseits der zuvor verbaute Nabenmotor, der wegen der fehlenden Übersetzung und Auslegung regelmäßig (alle 1–2 Jahre) ausgetauscht werden musste. Dieser wurde durch einen Bafang-Mittelmotor ersetzt, der es nun ermöglicht, mithilfe einer stufenlosen Enviolo-Getriebeschaltung die Übersetzung und somit die Drehzahl des Motors und das Drehmoment am Hinterrad zu beeinflussen.

Der hintere Rahmen wurde wegen eines Risses verstärkt und neu verschweißt, weiterhin wurde eine Strebe für den Mittelmotor versetzt. Die zuvor mechanische Hinterradbremse wurde durch eine Magura HS22 ersetzt. Dazu musste ein passender Adapter konstruiert und gefräst werden, der es ermöglichte, die Bremse auf den Rahmen zu schrauben.

Die Vorderradbremsen wurden durch Magura Mt4 mit größeren Scheiben (180 mm) ersetzt. Die Achse des Drehgelenks musste neu ausgelegt und gedreht werden. Zudem wurden bessere Lager verbaut, da die alten verschlissen waren.

Die Elektronik inklusive Akkus wurde komplett neu gemacht, da die Reichweite mit den Jahren auf 15 km gesunken war. Kühlung und Antrieb sind nun durch zwei getrennte Kreisläufe separiert. Zuvor war es ein reines 36-V-System, nun läuft die Kühlung bei 36 V und der Motor bei 48 V. Dies ermöglicht eine getrennte Nutzung von Reichweite und Kühlkapazität.

Durch die hohe Masse ist das Fahrrad träge zu fahren. Die maximale Unterstützung des Motors geht bis 15 km/h, um zu gewährleisten, dass das Fahrrad sicher im Straßenverkehr unterwegs ist. Die Kühlleistung und Reichweite des Fahrrads sind abhängig von der Zuladung. Das Fahrrad kann maximal 14 Eisbehälter transportieren. Mit einem Fahrer und der Zuladung wiegt das Fahrrad zwischen 150 und 200 kg.

Der Vorteil des Eisfahrrads im Gegensatz zu z. B. Eisautos ist, dass es deutlich bessere Verkaufsorte (Parkanlagen, Fußgängerzonen, …) erreichen kann und weil die Verkaufsgenehmigungen einfacher zu bekommen sind. Dies liegt u. a. daran, dass das Fahrrad keinen Verbrennungsmotor besitzt. Natürlich werden alle Hygienevorschriften durch das vorhandene Waschbecken inkl. Warmwasser etc. gewährleistet. Die Kundschaft reagiert sehr positiv auf das Fahrrad, weil es ein Alleinstellungsmerkmal ist sowie in puncto Nachhaltigkeit und Regionalität gut zu der Eisherstellung passt (Abb. 12.7).

Abb. 12.7 Cargo Pedelec, Foto von Olya Dikow mit freundlicher Genehmigung

12.7 Columbus Safari

Joachim Vogt

Rahmen/Federung	Stabiler Rahmen, Big-Apple-Reifen, dadurch gute Gewichtsverteilung und auch ein wenig Federung vorne und hinten
Bremsen	Felgenbremsen vorne und hinten
Gangschaltung	Shimano Nexave 24 Gänge, die über je 2 Hebel rechts und links am Lenker mit Daumen und Zeigefinger gesteuert werden. Beide oberen Schalter schalten hoch. Beide unteren schaltetn runter. Das lässt sich gut merken (oben-hoch; unten-runter)
Beleuchtung	Es traten Probleme mit dem Dynamo auf, er lag nicht immer am Reifen an, sodass er zu wenig gedreht wurde
Elektronische Steuerung	Kein Elektronikdisplay
Motorleistung	Kein Motor

Dieses nicht elektrifizierte Fahrrad wurde zu Vergleichszwecken von Vp01 und Vp06 geführt. Die Frage, wie viel anstrengender eine Steigung ist ohne Motorunterstützung, lässt sich so im direkten Vergleich von Columbus Safari mit einem der Pedelecs z. B. Charger 3 ermitteln. Das Rad hat 24 Gänge (3 Zahnkränze vorne, 8 hinten), die über je 2 Hebel rechts und links am Lenker mit Daumen und Zeigefinger gesteuert werden. Wird der rechte Daumenhebel gedrückt, schaltet das Rad runter von 8 auf 1. Zieht der Zeigefinger seinen Hebel, dann schaltet das Rad hoch. Auf der linken Seite ist es genauso. Das eBM-Rad mit Kettenantrieb hatte eine ähnliche Schaltung.

Da das Rad wesentlich leichter ist und auch ein paar Zentimeter kürzer, passt es ohne Probleme in jeden Bahnaufzug. Wenn der Aufzug defekt ist, lässt es sich leicht die Treppen rauf- bzw. runtertragen oder schieben. Wer ein Rad für einen kurzen Weg von und zum Bahnhof benötigt, ist gut damit beraten, ein Rad wie dieses anzuschaffen.

Im direkten Vergleich hatte unser 53-jähriger Proband 2020 die Besteigung des großen Feldbergs im Taunus mit diesem und dem Charger-3-Rad vollzogen. Von Langen aus sind es bis auf die Spitze des großen Feldbergs in Schmitten 45 km mit 1,3 km Steigung. Mit dem Charger 3 ging das nahezu mühelos in 2 h und 50 min. Mit dem Safari Columbus waren es 3 h und 40 min mit mehreren Momenten kurz vor dem Aufgeben.

Der 20-jährige Proband Vp06 bewertet das Fahren mit diesem Rad als sehr angenehm, berichtet aber auch, keine großen Ansprüche zu haben. Die Schaltung war für ihn ein Minuspunkt wie auch der fehlende Gepäckträger. Zum Einkaufen ist das Rad nicht geeignet (Abb. 12.8).

Abb. 12.8 Columbus Safari

12.8 Mars

Joachim Vogt

Rahmen/Federung	Stabiler, aber filigraner Rahmen
Bremsen	Felgenbremsen vorne und Rücktritt hinten
Gangschaltung	5-Gang-Nabenschaltung, die über 1 Hebel rechts am Lenker mit dem Daumen gesteuert wird
Beleuchtung	Es traten Probleme mit dem Dynamo auf, er lag nicht immer am Reifen an, sodass er zu wenig gedreht wurde
Elektronische Steuerung	Kein Elektronikdisplay
Motorleistung	Kein Motor

Die Firma Mars wurde 1873 von Paul Reissmann zur Herstellung von gusseisernen, amerikanischen Öfen in Nürnberg gegründet. Später produzierte man Motorräder verschiedener Hubraumklassen und Fahrräder. Außerdem baute Mars einige Automobile bis in das Jahr 1907. Berühmt wurde die Weiße Mars aus den 1920er-Jahren. 1958 war Mars gezwungen, Konkurs anzumelden (Vogt 2022, S. 66 ff.). Das Versandhaus Quelle kaufte den Namen Mars für seine Fahrradsparte und zu dieser Kategorie gehört das Testrad.

Das Rad wurde von Vp01 und Vp06 gefahren und ist ideal für kurze Strecken wie vom Bahnhof zum Büro. Es ist das leichteste Rad in unserer Studie und kann problemlos in der Bahn mitgeführt werden, auch wenn es keine Aufzüge am Bahnhof gibt. Nachteilig sind die Lichtanlage und die geringe Gangzahl (Abb. 12.9).

Abb. 12.9 Mars

Die Testpersonen

Joachim Vogt und Otilia Pasnicu

Die Anzahl der Testpersonen war relativ klein, sie haben jedoch teilweise erhebliche Strecken zurückgelegt. Der zu Beginn der Studie 53 Jahre alte Proband z. B. war am Ende der Studie 57 Jahre alt und war fast 8000 km gefahren. Es wurde darauf geachtet, dass jede Vp ein Minimalpensum absolvierte, bestehend aus Stadtverkehr, Überlandverkehr und Feld-/Waldwegen, damit jede Person mit ihrem Rad ein vergleichbares Streckenprofil erlebte. Darüber hinaus sind die Vielfahrenden noch Steigungen rauf- und runtergefahren und sie haben *Bike & Bahn*-Erfahrungen gesammelt. Tab. 13.1 zeigt die demografischen Daten der Testpersonen.

Tab. 13.1 Demografische Daten der Testpersonen

	Geschlecht	Alter	Größe (cm)	Testobjekte
Vp01	Mann	53–57	170	Alle außer Cargo Bike
Vp02	Frau	39	167	Damenrad R&M
Vp03	Mann	45	185	Charger 3
Vp04	Frau	38	168	Damenrad R&M
Vp05	Mann	21	178	eBM Conti-Rad
Vp06	Mann	20	181	Safari Columbus und Mars
Vp07	Mann	21	178	Cargo Bike
Vp08	Mann	21	186	Cargo Bike
Vp09	Frau	60	148	Maßanfertigung Abb. 21.1
Vp10	Mann	27	188	Schlösser

Anm.: Bei mehrjähriger Teilnahme wird das Alter bei Studienbeginn und -ende angegeben

J. Vogt (✉) · O. Pasnicu
FAI, TU Darmstadt, Darmstadt, Deutschland
E-Mail: joachim.vogt@tu-darmstadt.de; otilia.pasnicu@tu-darmstadt.de

Psychologie des Radfahrens

14

Christin Cornel

Radfahrende sind für Forschende aus vielen Gründen interessant, denn Studienerkenntnisse können genutzt werden, um die Verkehrssicherheit zu verbessern oder um mehr Menschen zu überzeugen, den Autoschlüssel liegen zu lassen und das gesundheitsfördernde Rad zur Arbeit zu nehmen. Um einen Einblick in die zahlreichen Studien zum Erleben und Verhalten von Radfahrenden geben zu können, wurde eine Literaturrecherche durchgeführt. Ziel der Recherche war es, die seit dem Jahr 2000 einschlägig veröffentlichten Arbeiten zu finden, die sich mit dem Erleben und Verhalten von Radfahrenden beschäftigen. Dabei wurden regionale und internationale Unterschiede vermutet, sodass auch Begriffe wie „Dänemark" (gilt als besonders fortschrittlich bzgl. Radinfrastruktur und -kultur) und „Bundesländer" Verwendung fanden. Folgende Literaturdatenbanken wurden mit den aufgeführten Stichworten abgefragt:

- Psyndex: Fahrrad, Rad, E-bike, Bicycle, Fahrrad regional, Fahrrad Länder
- Google Scholar: bike Germany Denmark, cycling Germany Denmark, Fahrrad Deutschland Dänemark, Rad Deutschland Dänemark, Fahrrad Bundesländer, cycling international, bike OR bicycle international, Radweg Europa, bike OR bicycle OR cycling euro*, eurovelo, europe bike infrastructure
- PsychInfo: Bike OR bicycle OR e-bike, Bike OR bicycle AND Germany AND Denmark, „bike Germany"
- APA (American Psychological Association) PsycArticles: Bike OR bicycle OR e-bike

Für jeden Suchbegriff wurden jeweils die ersten 50 Ergebnisse betrachtet. Die Tabelle im elektronischen Zusatzmaterial fasst die wichtigsten Daten zu den Studien zusammen. Wenn in der Literatursuche Periodika, also Zeitschriften, gefunden

---

C. Cornel (✉)
FAI, TU Darmstadt, Aschaffenburg, Deutschland

© Der/die Autor(en), exklusiv lizenziert an Springer-Verlag GmbH, DE, ein Teil von Springer Nature 2025
U. Klingler, J. Vogt (Hrsg.), *Pedelecs – Mensch, Technik, Straßenraum*,
https://doi.org/10.1007/978-3-662-70959-7_14

wurden, wurde zusätzlich die neueste Ausgabe gesucht, um keine aktuellen Studien zu übersehen. So ergab die Suche einen Treffer für den adfc (Allgemeiner Deutscher Fahrrad-Club)-Fahrradklima-Test von 2014, zu dem dann die zum Recherchezeitpunkt aktuelle Ausgabe von 2021 herausgesucht wurde.

Die Ergebnisse wurden tabellarisch zusammengefasst im elektronischen Zusatzmaterial zu diesem Buch. Sie sind dort unter der gleichlautenden Überschrift „Psychologie des Radfahrens" zu finden.

Im Folgenden sollen kurz die wichtigsten Ergebnisse der Tabelle zusammengefasst werden:

Generell: Vor allem in Städten fahren immer mehr Menschen mit dem Rad (Nobis 2019) und das aus vielfältigen Gründen. Zu den wichtigsten zählen Gesundheits- und Umweltaspekte sowie die hohe Flexibilität und der Spaß beim Fahren (Heinen und Handy 2012; Wild und Woodward 2019). Jedoch gibt es auch einige Schattenseiten des Radfahrens, so nimmt seit einigen Jahren der Spaß und das Sicherheitsgefühl der deutschen Radfahrenden ab, was sich in nur unbefriedigenden bis befriedigenden Bewertungen des deutschen Radklimas äußert (Nobis 2019).

E-Bikes: Es zeigt sich, dass Menschen auf E-Bikes und Pedelecs schneller als auf konventionellen Rädern fahren (Schleinitz et al. 2016, 2017; Haustein und Møller 2016b; Vlakveld et al. 2015), dies scheint jedoch nicht mit einem generell erhöhten Unfallrisiko einherzugehen (Schleinitz et al. 2016; Petzoldt et al. 2017).

Verkehrsregeln: Mehrere Studien zeigen, dass Radfahrende nicht selten dazu neigen, verschiedene Verkehrsregeln zu missachten (Huemer 2018), beispielsweise gaben ein Drittel der Befragten einer einwöchigen Studie an, innerhalb dieses Zeitraums unter Alkoholeinfluss gefahren zu sein (Huemer 2018), in einer anderen Studie wurde beobachtet, dass etwa die Hälfte aller Radfahrenden rote Ampeln überfuhren (Wu et al. 2012). Schließlich gehört das Geisterradeln (s. Kap. 19), also das unerlaubte Fahren gegen die Fahrtrichtung, zu den Top-3-Verstößen.

Helme: Nicht nur beim Punkt Verkehrsregeln, sondern auch beim Tragen von Fahrradhelmen gibt es noch Verbesserungsbedarf. So benutzt etwa nur ein Viertel bis die Hälfte der Fahrenden zweier Studien einen Helm (Schleinitz et al. 2018; Walter und Marquardt 2014). Dabei ist vielfach nachgewiesen worden, dass Helme die Anzahl und Schwere von Unfallverletzungen reduzieren. Die in Dänemark in den 1990er-Jahren eingeführte Helmpflicht für Kinder ging mit einem deutlichen Rückgang der Kopfverletzungen einher (Jensen und Hummer 2002). Ob das Tragen eines Helmes zu einer „Mir kann ja nichts passieren"-Haltung führt und riskantere Fahrweisen hervorbringt, ist umstritten. Schmidt et al. (2019) und Schleinitz et al. (2018) fanden dafür wenig Evidenz; so führte Helmtragen zwar zu verringerter kognitiver Kontrolle (Schmidt et al. 2019), riskanteres Verhalten konnte jedoch nicht beobachtet werden. Die Studie von Schmidt et al. (2019) verwendete allerdings fahrradferne Konfliktsituationen, nämlich ein Kartenspiel am Computer, bei dem zwischen risikoreichen und risikoarmen Spielvarianten gewählt werden musste. In der Ableitung der Gehirnströme war bei helmtragenden Personen weniger Thetapower im Frontalhirn sichtbar, das ist die Hirnaktivität, die u. a. eine mentale Fokussierung und das Abwägen von Entscheidungen begleitet. Diese Versuchspersonen (Vpn) gingen größere Risiken ein als Vpn ohne Helm. Die Ergebnisse der Studie von Schmidt et al. (2019) wurden so interpretiert, dass Menschen die erhöhte Sicherheit durch das Tragen eines Helms möglicherweise durch riskanteres Verhalten verspielen. Esmaeilikia et al. (2019) untersuchten systematisch 23 Studien zum Thema Helme im Radverkehr. Die Mehrzahl dieser Studien, nämlich 18, fanden wenig bis keine Evidenz für risikofreudigeres Fahren mit Helm. In Kap. 16 wird dieses Thema noch einmal aufgegriffen.

Fazit: Radfahren liegt im Trend und das aus guten Gründen. Außer finanziellen und ökologischen Gründen gibt es psychologische und medizinische Vorteile gegenüber Pkw und ÖPNV. Jedoch gibt es noch viel Verbesserungsbedarf bezüglich der Radfreundlichkeit in Deutschland, der Interaktion mit anderen Verkehrsteilnehmenden und der Regelkonformität der Radfahrenden. Da Radfahren sowohl zur Gesundheit als auch zum Klimaschutz beiträgt, ist es im Interesse aller, das Radfahren in Deutschland und auch weltweit, z. B. durch Kampagnen und bessere Infrastruktur, zu fördern. Der Literaturüberblick hat gezeigt, dass Radfahren vor allem in Städten immer beliebter wird. Gründe dafür sind u. a. Gesundheits- und Umweltaspekte. Problematisch ist jedoch, dass sich das Tragen von Helmen noch nicht bei allen Radfahrenden durchgesetzt hat.

15 Drängeln, Hauen, Hupen, Schimpfen

Joachim Vogt

Dieses Kapitel betrifft alle Verkehrsteilnehmenden. Die grundlegenden Gedanken haben wir bereits in unserem Motorradgeschichtenbuch (Vogt et al. 2022, S. 125 ff.) geäußert. Leider gibt es oft Konflikte zwischen Verkehrsteilnehmenden und wir begegnen uns nicht immer respektvoll und freundlich. Es liegt in unserer Natur, die Kontrolle behalten, das Revier verteidigen und andere Menschen dominieren zu wollen. Der Griff zur Hupe ist ohne nachzudenken schnell geschehen. Die Straßenverkehrsordnung erlaubt dies im Paragraph 16 innerorts jedoch nur in Gefahrensituationen. Außerhalb geschlossener Ortschaften darf die Hupe zusätzlich zum Ankündigen einer Überholabsicht verwendet werden. Auch wüste Beschimpfungen und körperliche Übergriffe kommen vor. Wir alle müssen uns fragen, warum wir uns die oben beschriebenen positiven Gedanken und Gefühle beim Radfahren so einfach nehmen lassen.

Hupen, Schimpfgesten und -worte bewirken noch dazu das genaue Gegenteil dessen, was intendiert ist: Anstatt das kritisierte Verhalten aufzugeben, steigern die Beschimpften in Trotzreaktionen ihr Fehlverhalten.

Warum fällt es den meisten Verkehrsteilnehmenden so schwer, cool zu bleiben, wenn sie in Konfliktsituationen geraten? Ein Teil der Antwort liegt in den alten Strukturen unseres Gehirns. Zwei Beispiele sind der Hirnstamm oder das „Reptiliengehirn" und das limbische System. Der Hirnstamm ist der älteste Teil des Gehirns. Er liegt hinten und geht in das Rückenmark über. Die Entwicklung dieser Struktur bei den Reptilien begann vor Hunderten von Millionen Jahren. Das limbische System liegt darüber und regelt unsere Emotionen. Ein wichtiger Teil ist der Mandelkern (Nucleus amygdala). Hier verortet die moderne Neurowissenschaft u. a. unser emotionales Gedächtnis. Insbesondere Angst wird hier erlebt, wieder erlebt und gesteuert. Manche Evolutionsfachleute sind der Meinung, dass unser Großhirn sich

---

J. Vogt (✉)
IFAI, TU Darmstadt, Darmstadt, Deutschland
E-Mail: joachim.vogt@tu-darmstadt.de

© Der/die Autor(en), exklusiv lizenziert an Springer-Verlag GmbH, DE, ein Teil von Springer Nature 2025
U. Klingler, J. Vogt (Hrsg.), *Pedelecs – Mensch, Technik, Straßenraum*, https://doi.org/10.1007/978-3-662-70959-7_15

über die alten Gehirnteile gewölbt hat, um sie in Schach zu halten. Das gelingt vielen Menschen nicht und man kann konstatieren „wenn das Reptilienhirn brüllt, dann schweigt das Großhirn". Nicht selten bewegen wir uns dabei auf einer Wechselemotion zwischen Wut und Angst. Wir tun oder sagen etwas in wütender Stimmung und haben danach Angst vor den Konsequenzen. Wutausdrücke in Taten, wie Hupen, Gesten und Worten, lohnen sich deshalb nicht. Sie bewirken meist das Gegenteil dessen, was die bzw. der Sendende intendiert: Anstatt das von der oder dem Sendenden kritisierte Verhalten aufzugeben, wird der oder die Empfangende es in einer Trotzreaktion steigern. Das führt leider in vielen Fällen zu Eskalationen wie bei folgendem Fall, der im Radio berichtet wurde (Vogt, 2022, S. 126):

Am 01.03.2021 kommen sich Auto- und Radfahrer auf einer engen Landstraße entgegen, der Autofahrer fuhr nach eigenen Angaben so weit rechts wie möglich unter Nutzung des Standstreifens. Trotzdem schlug der Radfahrende auf das Autodach, um zu zeigen: „viel zu nah sind wir uns". Der Autofahrer wendete, um den Radfahrer zur Rede zu stellen. Dieser zeigte den Mittelfinger. Beide fuhren weiter und der Autofahrer stellte sich quer auf die Straße, um den Radfahrer zu stoppen. Dieser konnte leider nicht mehr bremsen und prallte in die Seite des Pkw. Er wurde sehr schwer verletzt.

Diese und viele andere Geschichten zeigen, dass ein respektvoller und achtsamer Umgang aller Verkehrsteilnehmenden miteinander ein absolutes Muss ist. Hilfreich dabei ist ein Verständnis dessen, was bei Stress im Körper vor sich geht und wie man dem entgegenwirken kann. Im Folgenden werden die Wege der Stressverarbeitung vom Gehirn in den Körper beschrieben.

Die **Empfindung, Kontrolle verloren** zu haben, ist mit Abstand der größte Stressor (Vogt et al. 2022, S. 125 ff.). Wir ziehen uns zurück (keine Aktivität mehr). Die zugehörige Stresskaskade beginnt im Hypothalamus, einem wichtigen Nervenzentrum im Gehirn. Der Hypothalamus stimuliert die unter ihm hängende Hirnanhangsdrüse, auch Hypophyse genannt, ein Hormon auszuschütten. Dieses gelangt über die Blutbahn in die Nebennierenrinde. Die Nebennieren sind Drüsen, die auf den Nieren sitzen, und aus einem inneren Teil, dem Mark, und einem Mantel, dem Kortex, bestehen. Am Kortex kommt das von der Hirnanhangsdrüse ausgeschüttete Hormon an. Es heißt adrenocorticotropes Hormon, kurz ACTH. Adreno steht für Nebenniere, cortico für Rinde und trop für wachsen oder stimulieren. ACTH veranlasst also in der Nebennierenrinde u. a. die Bildung und Ausschüttung von Cortisol. Cortisol wiederum fördert den Proteinumsatz und die Glukoneogenese, das ist die Neubildung von Zucker und dessen Einlagerung in der Leber für eine hoffentlich bessere Zukunft, nachdem die Kontrolle wiedererlangt wurde. Die unten beschriebene *Fight-Flight-Response* kann unterstützt (basale Aktivität) oder gehemmt (Reaktion auf Stressor) werden. Auf Dauer wirken sich diese Prozesse auf das Immunsystem aus, welches unterdrückt wird.

Kontrolle als bedroht zu empfinden, wird auch als stressig erlebt, jedoch mehr als Herausforderung, die anstachelt und bei der man sicher ist, sie mit Anstrengung bewältigen zu können (Vogt et al. 2022, S. 127). Dies wird über Nervenbahnen gesteuert, die wesentlich schneller sind als die o. g. Blutbahn. Diese Kaskade heißt Sympathikus-Nebennierenmark-Stressachse. Das sympathische Nervensystem ist zuständig für Kampf, Flucht, Aktivität. Es hat seinen Ursprung im Gehirn und von dort übermittelt es über Nervenstränge im Rückenmark Befehle an viele andere Organe. Ziemlich am Ende dieser Achse befinden sich die Abzweige zum Nebennierenmark. Endpunkte der Sympathikus-Nebennierenmark-Kaskade sind die Bildung u. a. der Stresshormone Adrenalin und Noradrenalin im Nebennierenmark und deren Ausschüttung in die Blutbahn. Adrenalin dürfte allen Lesenden ein Begriff sein, es lässt z. B. das Herz schneller und wie eine Maschine schlagen (keine Variabilität, keine Pausen). Gegenspieler des Sympathikus ist der Parasympathikus. Mehrere parasympathische Nerven veranlassen uns zu entspannen, zu verdauen, zu schlafen. Der bekannteste Nerv ist der Nervus vagus. Er geht direkt ans Herz und beruhigt den Herzschlag. Das Herz schlägt langsamer, variabler und nicht mehr im hochtourigen Takt. Vielmehr ermöglichen längere Abstände zwischen zwei Herzschlägen ein kurzes Innehalten, Pausieren, ein „Die-Seele-baumeln-Lassen".

Das Wissen um die beiden Stressachsen ermöglicht es, das Temperament zu zügeln. Ein tiefer Atemzug mit Hochziehen und langsamen Senken der Schultern aktiviert den Parasympathikus und unterdrückt die Ausschüttung von Adrenalin (Vogt et al. 1999). Die Gedanken „Schultern ganz schwer, ich bin ganz ruhig" unterstützen die Entspannung.

Wenn Adrenalin und Cortisol bereits ausgeschüttet sind, dann hilft Muskelaktivität (Vogt et al. 2022, S. 128). Die *Fight-Flight-Response* ist darauf ausgerichtet, schnelles Weglaufen oder aussichtsreichen Kampf vorzubereiten. Insbesondere Adrenalin kann als Kraftstoff verstanden werden. Wenn man diesen kontrolliert verbraucht, indem man große Muskeln an- und entspannt, ist das zum einen gesund und führt zum anderen zu einer überlegten Handlungsweise (das „Reptil" in uns brüllt leiser). Große Muskeln (Musculi, M.) sind z. B.: M. gluteus maximus (Gesäß), M. quadrizeps femoris (Vorderseite Oberschenkel), M. pectoralis major (Brustmuskel) und M. bizeps brachii (Oberarmmuskel). Spannen Sie von diesen Muskeln im Sekundentakt einen (oder mehrere) an und entspannen Sie ihn wieder. Atmen Sie in akuten Konfliktsituationen tief durch, lassen Sie im langsamen Ausatmen die Schultern sinken und denken Sie „Schultern ganz schwer, ich bin ganz ruhig" – Sie reduzieren damit die Wahrscheinlichkeit von Drängeln, Hauen, Hupen, Schimpfen.

Tragt Helme!

Joachim Vogt

In diesem Kap. 16 und in Kap. 19 wird das Helmtragen behandelt. In diesem Kapitel werden zunächst die gravierenden medizinischen Folgen eines Sturzes ohne Helm beschrieben. Zudem wurde in unseren Studien eine Auswahl von Fahrradhelmen getestet und die Ergebnisse werden in diesem Kapitel dargestellt.

Bei der *Tour of California* 2017 stürzte Toms Skujins in einer kurvigen Bergabfahrt. Er versuchte aufzustehen, konnte das aber nicht. Nachdem es schließlich gelang, schwankte er und versuchte, wieder auf sein Rad zu steigen. Er stürzte erneut. Schließlich nahmen ihn seine Teamverantwortlichen aus dem Rennen. Neben Schürfwunden und einem gebrochenen Schlüsselbein hatte er eine Gehirnerschütterung.

Gehirnerschütterungen sind Schädel-Hirn-Traumata und oft schwierig zu erkennen. Betroffene sind häufig noch normal ansprechbar und orientiert. Die mechanischen Kräfte, die beim Sturz auf das Gehirn einwirken, können die Ursache für ein solches Schädel-Hirn-Trauma sein. Es muss kein harter Aufprall sein, schon die Beschleunigungskräfte, die über die Wirbelsäule bis zum Kopf weitergeleitet werden, können schlimme Auswirkungen haben.

Die meist vorübergehende Leistungsstörung des Gehirns äußert sich in Bewusstseins-, Koordinations-, Wahrnehmungs-, Hör- und/oder Verhaltensstörungen. Häufig werden sie von Übelkeit und Kopfschmerzen begleitet. Angehörige können die Gehirnerschütterung am leeren Blick, an verzögerten Reaktionen, Konzentrationsdefiziten, Desorientierung und Gedächtnisstörungen der Betroffenen erkennen. Eine ausgiebige Regenerationszeit mit Bettruhe ist indiziert, sonst drohen irreversible Spätfolgen oder Folgewirkungen wie Stürze. Gehirnerschütterungen können nicht mit Medikamenten behandelt werden. Bei schweren Gehirnerschütterungen sollten mindestens 24 Stunden zur Beobachtung im Krankenhaus verbracht werden.

J. Vogt (✉)
FAI, TU Darmstadt, Darmstadt, Deutschland
E-Mail: joachim.vogt@tu-darmstadt.de

Es besteht in dieser Zeit die Gefahr von Blutungen im Gehirn, daher müssen blutverdünnende Mittel abgefragt und ggf. abgesetzt werden. Auch bei leichten Gehirnerschütterungen sollte man einige Tage Bettruhe einhalten. Auf Lernen, Lesen, Fernsehen oder lautes Musikhören sollte man verzichten. Einige Tage, nachdem alle Symptome, insbesondere Kopfschmerzen und Übelkeit, abgeklungen sind, kann man nach Freigabe durch den Arzt bzw. die Ärztin wieder langsam mit Sport beginnen.

In einer mehrjährigen Studie des Instituts für Rechtsmedizin der Ludwig-Maximilians-Universität München und dem Universitätsklinikum Münster wurde die Wirksamkeit von Fahrradhelmen untersucht (Bauer et al. 2015). 543 Unfälle mit Verletzten aus den Jahren 2012 und 2013 wurden unter die Lupe genommen. Zusätzlich wurde die Datenbank getöteter Verkehrsopfer der Ludwig-Maximilians-Universität München genutzt, in der 117 getötete Radfahrende verzeichnet waren. Mehr als die Hälfte der Verletzten stürzte allein, es war kein Unfallgegner beteiligt. Schwere Kopfverletzungen häuften sich bei Unfällen mit Beteiligung eines Kraftfahrzeugs. Unter den älteren Radfahrenden hatte ein überdurchschnittlich großer Prozentsatz schwere Kopfverletzungen. Helme wurden nur von 17 % der verletzten Radfahrenden getragen. Zwar kam es auch bei diesen Personen zu Kopfverletzungen, schwere Schädel-Hirn-Traumata waren trotz teilweise erheblicher Verletzungen an anderen Körperteilen aber selten.

Bei den 117 tödlich verunglückten Radfahrenden war in mehr als der Hälfte der Fälle ein Schädel-Hirn-Trauma die Todesursache. Bei fast allen lag zusätzlich zu anderen schweren Verletzungen auch eine Kopfverletzung vor. Mit lediglich sechs Helmträgern war die Tragequote in dieser Stichprobe auffallend niedrig.

An der Ludwig-Maximilians-Universität München wurden vier der häufigsten Unfallgeschehen mit Computersimulationen untersucht: zwei Alleinstürze und zwei Kollisionen mit der Front eines Pkw. Hier wurde der bzw. die Radfahrende seitlich erfasst und mit dem Kopf auf Haube, Frontscheibe oder Scheibenrahmen geschleudert. Als abhängige Variable wurde das Verletzungsrisiko des Kopfes gemessen, ungeschützt und behelmt. Die Simulation zeigte eine deutliche Reduktion der Kopfbelastung durch den Helm. Am unteren Rand des Helmes ist die Schutzwirkung jedoch schwach und bei besonders schweren Kollisionen lassen sich selbst mit Helm Kopfverletzungen nicht vermeiden.

Eine gemeinsame Studie der Universitäten Marburg und Münster zeigte, dass Betroffene auch nach einer nur leichten Gehirnerschütterung gravierende Langzeitfolgen davontragen können. Einige Patienten litten selbst nach sechs Jahren noch unter einer eingeschränkten Lernfähigkeit und unter Gedächtnisschwierigkeiten. Weiter wurden vermehrt depressive Beschwerden festgestellt. Bei der im Jahr 2010 im Magazin *Psychological Medicine* veröffentlichten Studie wurden 33 Patienten untersucht, die sich einige Jahre zuvor ein leichtes Schädel-Hirn-Trauma zugezogen hatten. Zum Vergleich testeten die Forscher unter der Leitung des Psychiaters Carsten Konrad 33 gesunde Probanden. Dazu wurden bei den Versuchspersonen umfangreiche psychiatrische, neurologische sowie neuropsychologische Untersuchungen durchgeführt.

16 Tragt Helme!

In Deutschland besteht keine Helmpflicht für Fahrradfahrende im Gegensatz zu beispielsweise Finnland oder Spanien. DESTATIS (2021) und YouGov befragten 2019 erwachsene Radfahrerinnen und Radfahrer zu ihrem Helmtrageverhalten. Die zehn häufigsten Gründe für Helmignoranz waren:

- 44 % finden Helme unbequem.
- 37 % fühlen sich auch „oben ohne" sicher.
- 30 % schwitzen zu stark unter dem Helm.
- 25 % ist der Helm beim Transport zu sperrig.
- 23 % sind zu eitel.
- 20 % haben Angst um ihre Frisur.
- 18 % schämen sich.
- 12 % bezweifeln, dass ein Helm schützt.
- 9 % ist ein Fahrradhelm zu teuer.
- 8 % tun nur, was sie müssen.

Angesichts der schlimmen bis hin zu tödlichen Kopfverletzungen, die ein Sturz mit sich bringen kann, ist jeder dieser Gründe belanglos.

Jedes Jahr geschehen in Deutschland Tausende Fahrradunfälle. 2016 waren laut DESTATIS knapp 88.000 Radfahrende an einem Unfall mit Personenschaden beteiligt. Ein Teil dieser Unfälle endet gar tödlich, nicht zuletzt wegen schlimmer Kopfverletzungen (s. Kap. 19). Damit der Fahrradhelm optimale Sicherheit bietet, müssen sowohl die Größe als auch die Passform für den Tragenden bzw. die Tragende stimmen.

Einen Helm zu tragen, sollte Pflicht sein für alle Zweiradfahrenden. In unserer Studie wurden folgende Helme getestet:

- Abus 2019/11 1608 17 Modell AB 20 Macator
- Abus Macator 2015/11003075
- Abus Modell AB 10 Aduro 2.0
- CPSC 16CFR1203
- DHG Knauer street junior
- Ked
- No Name 00708

Alle von uns probierten Helme hatten eine CE-Kennzeichnung. Damit erklären die Herstellenden gemäß der europäischen Verordnung EG765/2008, „dass das Produkt den geltenden Anforderungen genügt, die in den Harmonisierungsrechtsvorschriften der europäischen Gemeinschaft über ihre Anbringung festgelegt sind." (Art. 2 Nr. 20) und „dass die Verantwortung für die Konformität des Produkts mit allen in den einschlägigen Harmonisierungsrechtsvorschriften der Gemeinschaft enthaltenen für deren Anbringung geltenden Anforderungen übernommen wird." (Art. 30 Abs. 3).

Häufige Schwachstelle der Helme waren die Schließen, die sich nur schwer einstellen und schließen ließen. Teilweise ließen sie sich nur schwer wieder öffnen, teilweise lösten sie sich von selbst. Besser wären Kinnriemen mit hartem, einrastendem Einschub wie bei Motorradhelmen (z. B. BMW Helmets oder IS-MAX II Helm von HJC).

Alle Testpersonen verpflichteten sich bei der Einweisung in die Studie zum Tragen geeigneter Kleidung, insbesondere fester Schuhe und Helm. Wenn eine Testperson keinen eigenen Helm besaß, wurde er von der TU Darmstadt gestellt und aus Hygienegründen überlassen. Bei der Akquise von Probandinnen und Probanden war diese Form der Belohnung hilfreich.

Nur Vp01 trug mehrere verschiedene Helme zu Vergleichszwecken. Abus Modell AB 10 (Aduro 2.0) war Testsieger. Bei einem Preis von 69,95 € liegt er im unteren Preissegment (die billigsten Helme kosten knapp 20 und die teuersten bis zu 400 €). Trotzdem bietet Modell AB 10 folgende Vorteile für Vp01:

- Perfekter Sitz, auch am Hinterhaupt
- Dort ist eine rote LED-Leuchte angebracht, die zusätzlich Sicherheit gibt; sie hat Dauerlicht oder Blinklicht
- Viele Lüftungsschlitze für ein gutes Klima unter dem Helm

Wir möchten darauf hinweisen, dass es noch viele weitere gute und sehr gute Helmherstellende gibt. Abschließend soll ein spezielles Produkt gesondert erwähnt werden, das als „Futuristischer Falter" in der Zeitschrift *Radfahren*[1], Ausgabe 6/2017 mit gut bewertet wurde: der Plattpfirsich unter den Helmen. Diesen Kopfschutz von Closca kann man nach dem Tragen zusammendrücken auf etwa die Hälfte seiner Höhe. Er findet dann praktisch und diskret Platz in jeder Aktentasche. Bezüglich Sicherheit und Komfort hatte die Zeitschrift *Radfahren* nichts auszusetzen. Das Design wurde als edel (matt, dunkel, ungewöhnlich) gelobt.

---

[1] Fahrradhelme für die Stadt: Sicher und stylisch unterwegs – RADfahren.de.

Unfalldenkmäler 17

Joachim Vogt

Wenn Stürze oder Unfälle passieren, gibt es verantwortungsvolle Menschen, die uns daran erinnern, was alles passieren kann. Der eingetragene Verein (e. V.) „Stiftung zur Vermeidung von Verkehrsopfern in Deutschland" stellt weißlackierte Fahrräder an viel befahrenen Straßen, Plätzen und v. a. Unfallorten auf. Sie mahnen Radfahrende zur Vorsicht und Autofahrende zur Rücksicht (Abb. 17.1).

Diese Fahrraddenkmäler werden seit 1986 aufgestellt von Mitgliedern der Stiftung zur Vermeidung von Verkehrsopfern VvV e. V., Vereinsregisternummer 535 beim Oberlandesgericht Frankfurt am Main (Stiftung VvV 2023). Das VvV-Gästebuch und positive Rückmeldungen von Polizei, Schulen, Kommunen zeugen von der Wirksamkeit der Denkmäler. Als Wirkmechanismus vermutet die VvV-Stiftung die Lesung oder Besichtigung eines Denkmals, die Einsicht in das Unfallgeschehen und die Präventionsabsicht/-arbeit.

Trotz der positiven Wirkung der Denkmäler nimmt die Zahl der Unfallgedenkstätten leider zu.[1] Dies ist sicher im Wesentlichen den allgemein steigenden Verkehrszahlen sowohl im Zwei- wie auch im Vier- und Mehrräderbereich zuzuschreiben. Eine systematische Untersuchung der Wirkung der Denkmäler, insbesondere der psychologischen, liegt bisher nicht vor (Abb. 17.2, 17.3, 17.4).

---

[1] Fahrraddenkmäler/Fahrraddenkmal (stiftung-vvv.de).

J. Vogt (✉)
FAI, TU Darmstadt, Darmstadt, Deutschland
E-Mail: joachim.vogt@tu-darmstadt.de

Abb. 17.1 Weißes Fahrrad in 64331 Weiterstadt, Robert-Koch-Straße 1A. „Fahr vorbildlich und mit Licht www.stiftung-vvv.de", Stiftung zur Vermeidung von Verkehrsopfern in Deutschland e. V.

Abb. 17.2 Weißes Fahrrad in 63225 Langen, Darmstädter Straße. „Radfahrer 82 Jahre 14.08.2008"

Abb. 17.3 Weißes Fahrrad in 64283 Darmstadt, Bleich-Ecke-Casino-Straße. Hier wurde eine Radfahrerin im Alter von 30 Jahren am 15.03.2023 von einem Lkw übersehen und tödlich verletzt

Abb. 17.4 Unfalldenkmal in 61440 Oberursel. Hier steht ein Anhänger mit Teilen von einem Unfallmotorrad und einem verunglückten Rollstuhl

Stürze während der Studie

18

Joachim Vogt

Auch bei unseren Testfahrten ist es zu Stürzen gekommen. Diese betrafen immer die vielfahrende Vp01 und meistens das Charger-3-Pedelec oder das Avenue. Folgende Stürze sind dokumentiert.

Abb. 18.1 zeigt den Platz zwischen dem Verwaltungshochhaus der TU Darmstadt und der Mensa Stadtmitte. Die 39 Fahrradständer lassen kaum ein Durchkommen. Bei nächtlicher Fahrt mit dem Avenue kam es zu einer Kollision (s. verzogener Ständer auf dem Foto), die glücklicherweise nur ein Hämatom am linken Knie und einen zerstörten Helm zur Folge hatte. Ein wesentlicher Faktor war das Frontlicht: ein zu kleiner und nach unten auf den Weg eingestellter Lichtkegel, der genau zwischen die senkrechten Streben fiel und unter der Querstrebe durchleuchtete. Riese & Müller setzt inzwischen breit und hochstreuende Lampen ein, mit denen die Radständerstreben angestrahlt und gesehen werden.

Auf dem Radschnellweg zwischen Langen und Darmstadt kam es zu einem Sturz auf der Holzbrücke vor Egelsbach (Abb. 18.2). Der Fahrer übersah in der Morgendämmerung gegen 5 Uhr den Poller und überschlug sich. Kurioserweise und mit viel Glück landete er mit dem meisten Gewicht bäuchlings auf dem Poller und machte mit dem Helm einen (gehockten) Kopfstand. Die Testperson zog sich keinerlei Verletzungen zu. Das Fahrrad (Columbus Safari) brauchte eine neue Vordergabel.

Im Stadtgebiet Chemnitz kommt es häufig vor, dass ein Radweg von der Straße auf den Bürgersteig geführt wird. An den Übergängen wurde häufig eine Bordsteinkante am rechten Radwegrand verlegt, die auf dem Niveau des Bürgersteiges ausläuft. Dieses kurze Stück mit einer kaum sichtbaren, schmalen, scharfen Kante am rechten Rand ist brandgefährlich, wenn man mit dem Vorderrad im stumpfen Winkel gegen die Kante schrammt. Diesen stumpfen Winkel hat man hier, weil man fast

---

J. Vogt (✉)
FAI, TU Darmstadt, Darmstadt, Deutschland
E-Mail: joachim.vogt@tu-darmstadt.de

Abb. 18.1 Fahrradständer in Darmstadt

Abb. 18.2 Fahrradschnellweg Frankfurt-Darmstadt zwischen Langen und Egelsbach

Abb. 18.3 Chemnitzer Straße zwischen Chemnitz und Rabenstein

parallel zur Kante fährt. So stürzte Vp01 am 4. Oktober 2020 mit dem Charger-3-Pedelec auf der Chemnitzer Straße (Abb. 18.3). Es gilt, ganz bewusst vor dem ersten Kontakt mit der Kante den Winkel an 90° anzunähern.

Am 12. September 2022 war unsere 53-jährige Testperson (Vp01) unterwegs mit dem Charger 3 zwischen Hildesheim und Steuerwald auf der Bundesstraße B6 (Abb. 18.4). Die Radwege rechts und links der B6 sind vielfach beschädigt. Darauf wird durch zig Schilder hingewiesen, hätten die Straßenbauenden doch nur den Belag gleich repariert statt nur Schilder aufzustellen! Der Asphalt ist durch Baumwurzeln und Frost aufgebrochen. Die Übergänge an den Ampeln haben sehr hohe Kanten, sind teilweise gar nicht abgesenkt oder die abgesenkten Bordsteinkanten sind weiter weg und versteckt. Eine große Baumwurzel und der dadurch hochstehende Asphalt wurde Vp01 in der Abenddämmerung zum Verhängnis. Eine Auswirkung auf das Unfallgeschehen hatte sicherlich auch, dass Vp01 in Eile war.

Am 9. Juni 2023 betraf ein Sturz wieder das Charger 3 (und unseren inzwischen 54-jährigen) auf dem Radschnellweg Richtung Langen. Hinter dem Bahnhof Arheilgen rannten unvermittelt und ohne zu schauen bzw. zu stoppen Kinder auf den Schnellweg. Unsere Testperson konnte bremsen und ausweichen, hat sich selbst dann aber überschlagen. Glücklicherweise gab es außer Prellungen und Hämatomen keine weiteren Verletzungen. Ohne Helm hätte das sicher anders ausgesehen.

Abb. 18.4 Bundesstraße 6 zwischen Hildesheim und Steuerwald

Der letzte Sturz erfolgte im Mai 2025 auf dem Unicampus Westend in Frankfurt mit dem Avenue. Vp01 (inzwischen 57 Jahre alt) radelte hektisch auf der Hansaallee Richtung Innenstadt und setzte mit der Pedale auf, als er eine außergewöhnlich hohe Bordsteinkante übersah und mit hoher Geschwindigkeit darüber fuhr. Er überschlug sich, landete aber auf den Füßen. Eine Studentin eilte zu Hilfe. Angesichts der Geschwindigkeit und des Überschlags erstaunlich: Lediglich das linke Sprunggelenk war verstaucht. Drei Hauptursachen können an diesen Stürzen identifiziert werden; 1. Untergründe (Bordsteinkante in Chemnitz, Baumwurzel bei Hildesheim). 2. Hektik des bzw. der Fahrenden (war in Hildesheim und Frankfurt gegeben). 3. Schlechte Sicht (Stürze in Hildesheim, Darmstadt und in Egelsbach). Unserer eigenen Kontrolle obliegt es, ohne Hektik und achtsam auf die Untergründe sowie Umgebungen zu sein. Die Wegeplanenden-, -bauenden-, und -instandhaltenden bitten wir herzlich, auf die Untergründe und Bordsteinkanten zu achten.

Korrektes Fahren, riskantes Fahren

19

Joachim Vogt

In diesem Kapitel werden die häufigsten riskanten Fahrweisen dargestellt. Zuvor soll beschrieben werden, wie korrektes Fahren aussieht.

Korrektes Fahren sieht so aus:

Grundsätzlich gilt für alle die Straßenverkehrsordnung. Jede bzw. jeder fährt auf eigene Gefahr, ist für sich selbst und die anderen Verkehrsteilnehmenden verantwortlich. Abstand wird gehalten nach dem Prinzip „sehen, gesehen werden, Abstand halten". Wird der Abstand zu klein, muss ausgewichen werden. Bis zum vollendeten 8. Lebensjahr müssen Kinder mit ihrem Fahrrad auf dem Gehweg fahren, bis 10 dürfen sie das.

Prüfen Sie vor Fahrtantritt mittels visueller Inspektion, dass Ihr Fahrrad verkehrssicher ist. Ein heller Scheinwerfer und ein weißer Reflektor müssen vorne angebracht sein, ein rotes Rücklicht und ein roter Reflektor hinten. Um auch seitlich zu strahlen, gehören Katzenaugen in die Speichen oder reflektierende Streifen auf die Reifen. Prüfen Sie regelmäßig alle Speichen, denn lockere oder gar gerissene Speichen stellen eine Gefahr dar. Genügend Luft in beiden Reifen verhilft zu geringerem Rollwiderstand (s. Kap. 3). Achten Sie auf Risse in den Reifenseitenwänden (Karkassen). Die entstehen u. a., wenn das Rad mit zu wenig Luftdruck länger abgestellt wird. Empfehlungen für den Reifendruck sind auf der Reifenwand abzulesen. Poröse Reifen verursachen häufiger Pannen, der Reifen muss gewechselt werden. Auch wenn die Profiltiefe 1,6 mm unterschreitet, ist es Zeit für einen Reifenwechsel. Zu guter Letzt benötigt Ihr Rad zwei Bremsen und eine helltönende Klingel. Die Bremsbeläge müssen gewechselt werden, wenn die Querrillen nicht mehr deutlich hervortreten. Laden Sie Ihr Pedelec nach jeder Fahrt auf, Sie können nie wissen, wie weit Sie bei der nächsten Fahrt kommen müssen oder welche Umwege anfallen. Hydraulische Bremsen müssen entlüftet werden, wenn bei maximaler

J. Vogt (✉)
FAI, TU Darmstadt, Darmstadt, Deutschland
E-Mail: joachim.vogt@tu-darmstadt.de

© Der/die Autor(en), exklusiv lizenziert an Springer-Verlag GmbH, DE, ein Teil von Springer Nature 2025
U. Klingler, J. Vogt (Hrsg.), *Pedelecs – Mensch, Technik, Straßenraum*,
https://doi.org/10.1007/978-3-662-70959-7_19

Kraft am Bremshebel nicht mindestens ein Finger zwischen Bremshebel und Lenkergriff passt.

Halten Sie ausreichend Abstand zum*r Vorausfahrenden und beim Überholen.

Beim Anhalten heben Sie eine Hand hoch, um hinter Ihnen Fahrende vorzuwarnen (eine gute Regel, in Dänemark weit verbreitet). Das Abbiegen teilen Sie durch entsprechendes Handzeichen mit.

Bei Pannen oder anderen Fahrtunterbrechungen bewahren Sie Ihre Ruhe.

Riskantes Fahren kann viele Formen annehmen. Hier sollen die häufigsten und gefährlichsten behandelt werden.

Etwa die Hälfte aller Radfahrenden überfuhren rote Ampeln (Wu et al. 2012). Dieses Verhalten ist sehr gefährlich, nicht nur für die Radfahrenden selbst, sondern auch für alle anderen Verkehrsteilnehmenden.

Freihändiges Fahren und „*Wheelies*" (schneller Antritt mit Abheben des Vorderrades) sind insbesondere unter Jugendlichen verbreitet. Freihändiges Fahren und „*Wheelies*" sind unnötige Risiken. Wenn Sie jedoch dieses Risiko eingehen wollen, dann achten Sie zumindest auf breite, ebene, rutschfeste Untergründe und einen leeren Raum um sich, halten Sie wenigstens eine Hand am Lenker. Nach einem „*Wheely*" setzen Sie bitte geradeaus auf.

Auch Radfahrerinnen und Radfahrer müssen in einer Einbahnstraße in der freigegebenen Richtung fahren. Es gibt Ausnahmeregelungen wie das Zusatzzeichen „Fahrräder frei" unterhalb des „Einfahrt verboten"-Schildes (rund und rot mit weißem Querbalken). Auch für das blaue Schild „Einbahnstraße" gibt es ein Zusatzzeichen, auf dem ein Fahrrad und zwei Pfeile in beide Richtungen abgebildet sind. Zwar ist laut diesem Schild das Fahren entgegen einer Einbahnstraße für Radfahrende erlaubt, das hindert entgegenkommende Autofahrende jedoch nicht daran, die Einbahnstraße ganz für sich zu vereinnahmen. Umso riskanter ist das gänzlich unerlaubte Fahren entgegen einer Einbahnstraße. Das Unfallrisiko ist für eine*n Linksradelnde*n 12-mal höher (adfc o. D.; Linderholm 1984). Falsche oder keine Nutzung von Radwegen ist auch jenseits von Einbahnstraßen ein Problem. Auch wenn es verständlich ist, dass Radfahrende schlechte Radwege vermeiden wollen und daher auf der Fahrbahn radeln, so steht die Gefahr in keinem Verhältnis zum Diskomfort eines schlechten Radweges.

Trunkenheit am Lenker

Sam Auer

Wir haben bisher Stürze und Unfälle beschrieben, deren Ursachen im Straßenraum, in anderen Verkehrsteilnehmenden und im risikoreichen eigenen Fahrverhalten liegen. Das eigene Fahrverhalten verschlechtert sich auch unter Alkoholeinfluss, die Ausmaße und Folgen werden in diesem Kapitel dargestellt.

Die aktuellen Unfallzahlen des Statistischen Bundesamts stammen aus dem Jahr 2021 und umfassen insgesamt 87.723 Fahrradunfälle. 372 Unfälle gingen dabei tödlich für die Fahrradfahrenden aus. Erschreckend ist, dass in fast der Hälfte der Unfälle (49,8 %) die Radfahrenden selbst schuld waren. Bei Unfällen mit Personenschaden, bei denen Fehlverhalten der Radfahrenden dokumentiert wurde, waren diese in 7,6 % der Fälle alkoholisiert.

Alkohol wirkt sich dabei auf die direkte Steuerung eines Fahrzeuges aus, so zeigen Versuchspersonen beispielsweise eine verringerte Reaktionsfähigkeit (Grant et al. 2000). Aber auch die Risikobereitschaft steigt, wodurch sich Fahrende zu riskanteren Fahrmanövern verführen lassen (Fromme et al. 1997). Aktuell gelten für Fahrradfahrende gesonderte Vorschriften, wenn es um die Fahrtüchtigkeit unter Alkoholeinfluss geht. So gibt es im Gegensatz zu den Vorschriften für Autofahrende zwei Grenzwerte, die beachtet werden müssen. Der erste Grenzwert liegt bei 0,3 Promille und wird auch als relative Fahrtauglichkeit bezeichnet. Bis zu diesem Grenzwert sind die meisten Radfahrenden in der Lage, Rad zu fahren. Der zweite Grenzwert liegt bei 1,6 Promille und wird auch als absolute Fahruntauglichkeit bezeichnet. Ab diesem Wert wird davon ausgegangen, dass niemand mehr in der Lage ist, sein Fahrrad so zu fahren, wie es im nüchternen Zustand möglich wäre. Zwischen den beiden Grenzwerten kann es unter Umständen schon zu einer Strafanzeige kommen, wenn eine auffällige Fahrweise an den Tag gelegt wird (z. B. Schlangenlinien oder Gefährdung anderer). Wer unauffällig fährt, kommt meist ohne Konsequenzen davon. Mit mehr als 1,6 Promille droht jedem Rad-

S. Auer (✉)
Solingen, Deutschland

fahrenden eine Strafanzeige mit drei Punkten im Verkehrszentralregister und eine Geldstrafe (Bußgeldkatalog.org).

Die gewählte Grenze für die absolute Fahruntüchtigkeit wurde 1986 vom Bundesgerichtshof auf 1,7 Promille festgelegt. In den definierten 1,7 Promille waren 0,2 Promille Toleranz eingebaut, welche später auf 0,1 Promille reduziert wurden. So setzt sich der noch heute bestehende Grenzwert von 1,6 Promille zusammen. Die Basis für das Urteil bildeten zwei Studien von Schewe und Kollegen, welche in den Jahren 1980 und 1984 durchgeführt wurden. Innerhalb der Untersuchungen mussten Versuchspersonen mit unterschiedlichem Alkoholpegel verschiedene Fahraufgaben bewältigen (z. B. Slalom, gerades Fahren). Die Leistung jedes Versuchs wurde mit der nüchternen Fahrleistung verglichen. Die Untersuchungen zeigten, dass alle Testpersonen bei einem Blutalkoholwert von 1,5 Promille Fahreinschränkungen zeigten.

Neuere Untersuchungen verfolgen denselben Aufbau, erweitern aber die Aufgaben, die an die Versuchspersonen gestellt werden. Eine Studie der Universität Düsseldorf (Hartung et al. 2015) ergänzte die Fahraufgaben beispielsweise um einen Reaktionstest (rote Ampel) und komplexere Situationen (Ball rollt auf die Straße). Aber auch Tests zum Sehvermögen der Versuchsperson wurden erhoben. Wie bei den Untersuchungen von Schewe und Kollegen fuhren die Personen zuerst nüchtern durch die Teststrecke und stellten sich anschließend weiteren Testungen. Dieser Versuch wurde als nüchterne Gesamtleistung erfasst. Danach durften die Versuchspersonen Alkohol trinken, bis sie einen gewissen Promillewert erreicht hatten. Anschließend durchliefen sie das Prozedere erneut. In jedem Versuch wurden die Fahrfehler erfasst und mit dem nüchternen Versuch verglichen.

Die Ergebnisse der absoluten Fahruntauglichkeit fielen ähnlich zu denen von Schewe und Kollegen aus. Keine der Versuchspersonen konnte mit 1,4 Promille die nüchterne Fahrleistung abrufen oder mit 1,0 Promille die nüchterne Gesamtleistung übertreffen. Außerdem konnte schon ab 0,2 Promille eine signifikant sinkende Gesamtleistung gemessen werden. Zu bedenken geben die Autoren, dass manche stark alkoholisierte Versuchspersonen bessere Versuche zeigten als andere nüchterne Versuchspersonen. Außerdem waren sich alle Testpersonen bewusst, beobachtet zu werden und bemühten sich daher, wenige Fehler zu machen. Im realen Straßenverkehr kann es daher zu anderem Verhalten kommen. Abschließend lässt sich sagen, dass bis zu einem Wert von 0,8 Promille grobe motorische Fehler sehr gut kompensiert werden konnten, die Fehlerzahl ab dem Intoxikationspunkt jedoch schnell anstieg.

Radfahren, Gesundheit und Behinderung

21

Joachim Vogt

Inhaltsverzeichnis

21.1	Gesundheitsförderung durch Radfahren	116
21.2	Schweregrade von Verletzungen durch Stürze	116
21.3	Soziale Teilhabe durch Radfahren	118
21.4	Muskel-Skelett-Gelenkbeschwerden	119

In diesem Kapitel werden vier Themen behandelt: zum Ersten die Gesundheitsförderung durch Radfahren. Auch für elektrifizierte Räder gilt: „*Even minimal pedaling exertion during commuting brought substantial health benefits*" (Murphy 2012). Ist man bis ins hohe Alter mobil auf zwei Rädern, dann sind auch Herz-Kreislauf-System, Muskel-Skelett-Gelenksysteme und Immunsystem agiler. Zum Zweiten können Fahrradstürze erhebliche gesundheitliche Schäden verursachen, insbesondere im Kopfbereich. Ein Fahrradhelm wird daher ausdrücklich empfohlen (s. Kap. 16). Zum Dritten kann das Radfahren sprichwörtlich verbinden, wenn Menschen mit Seh- oder anderen Behinderungen z. B. auf Tandems soziale Teilhabe finden. Viertens kann es schwer werden, das Radfahren fortzusetzen, wenn ein gewisser Grad der Behinderung eingetreten ist. Wie es dann doch geht und dass es sich lohnt, dafür wollen wir Beispiele präsentieren. Als schwerbehinderte Personen haben Vp01 und Vp09 Erkenntnisse beigetragen.

J. Vogt (✉)
FAI, TU Darmstadt, Darmstadt, Deutschland
E-Mail: joachim.vogt@tu-darmstadt.de

© Der/die Autor(en), exklusiv lizenziert an Springer-Verlag GmbH, DE, ein Teil von Springer Nature 2025
U. Klingler, J. Vogt (Hrsg.), *Pedelecs – Mensch, Technik, Straßenraum*,
https://doi.org/10.1007/978-3-662-70959-7_21

21.1 Gesundheitsförderung durch Radfahren

Pedelecs bieten Menschen mit zunehmenden körperlichen Einschränkungen die Möglichkeit, sich trotzdem auf längere und/oder schwierigere Radstrecken zu trauen (Hartung und Adler 2002). Schon der tägliche Weg zur Arbeit auf dem Pedelec bringt bereits ab einer Gesamtwegstrecke von 7,5 km eine signifikante, positive Auswirkung auf die Gesundheit trotz der geringen Eigenleistung. Das Unfallrisiko ist dagegen vergleichbar mit dem Risiko der gewöhnlichen Fahrradnutzung (Emsbach und Friedel 1999).

Auch eine US-amerikanische Studie zeigt, dass Radeln eine der besten Sportarten ist, um physischen und auch psychischen Leiden vorzubeugen.[1]

Da es keinen Fahrradführerschein gibt und damit die Fahreneneignung nicht überprüft wird und auch nur in seltenen Fällen Radelnde von der Polizei überwacht werden, müssen Radfahrende selbst verstärkt auf Radfahrtauglichkeit achten. Wesentliche Einschränkungen der körperlichen Leistungsfähigkeit erfordern daher ein hohes Maß an Selbstreflexion (Hartung und Adler 2002). Die Geschwindigkeiten werden dabei regelmäßig unterschätzt von anderen Verkehrsteilnehmenden, aber auch den Pedelec-Fahrenden selbst.

Das durchschnittliche Gewicht der Pedelecs beträgt 25 kg. Hierdurch brauchen Unerfahrene eine Eingewöhnungszeit. Auch das motorunterstützte Anfahren ist gewöhnungsbedürftig. Insbesondere stärker motorisierte Bikes machen quasi einen Satz vorwärts. Dies kann bereits ein Sturzgeschehen einleiten.

Der Schwerpunkt eines Pedelecs liegt meist höher als bei unmotorisierten Rädern. Ein hoch angebrachter Akku, z. B. auf dem Gepäckträger, verschärft diese Problematik. Das Bremsen nur mit der rechten Hand reicht nicht aus.

Mit mehr als 24 km/h hat man ein um 20 % erhöhtes Risiko, eine schwere Verletzung zu erleiden. Bei der Kollision mit einem Kraftfahrzeug tritt eine schwere Verletzung mehr als 3,5-mal so oft auf wie bei einem Sturz ohne Beteiligung eines Kraftfahrzeugs (Rivara et al. 1997).

Der Rechtsabbiegevorgang von Pkw und Lkw bei geradeausfahrenden Radlern ist besonders gefährlich. Personenschäden sind hier 6-mal so häufig wie im Gesamtunfallgeschehen. Die Unfallschuld liegt zu 90 % bei den Kraftfahrenden.

21.2 Schweregrade von Verletzungen durch Stürze

Das *Rapid Exchange of Information System* (RAPEX) beschreibt die Schweregrade der Verletzungen nach einem Unfall wie folgt:

- Grad 1: Verletzungen, die nach Durchführung von Erste-Hilfe-Maßnahmen keine großen Schmerzen und keine wesentliche Funktionsbeeinträchtigung verursachen. Sie sind vollständig reversibel, z. B. Prellungen, leichte Quetschungen, Gelenkverstauchungen.
- Grad 2: Verletzungen, die eine ambulante Behandlung erfordern. Körperfunktionen können bis zu 6 Monate lang beeinträchtigt sein. Die Verletzungen sind weitgehend

---

[1] Radsport macht glücklich: Studie zum Effekt des Radsports auf die Psyche (radsport-rennrad.de).

reversibel; z. B. sehr kurze Bewusstlosigkeit mit einer Dauer von Minuten, tiefe Rissverletzungen, Rippenbruch, Kieferbruch, Handgelenksbruch.
- Grad 3: Verletzungen, die eine stationäre Behandlung erfordern. Die Funktion ist länger als 6 Monate beeinträchtigt, z. B. Hirnkontusion, Halsschlagaderriss, Schleudertrauma, Muskelriss, Hüftbruch, Oberschenkelbruch.
- Grad 4: Verletzungen, die zum Tod führen, einen Verlust von Gliedmaßen oder sonstige schwere Funktionsbeeinträchtigung nach sich ziehen könnten, z. B. Koma, Rückenmarksdurchtrennung, Wirbelsäulenluxation, Wirbelsäulenbruch.

Die o. g. Unfälle entstehen nicht nur aus der Interaktion mit anderen Verkehrsteilnehmenden. Die Radfahrenden selbst tragen Verantwortung für die Verkehrssicherheit ihrer Fahrzeuge. Die wesentlichen Mängel der Pedelecs auf unseren Straßen sind vergleichbar mit denen nicht motorisierter Fahrräder: Brüche von Bauteilen (insbesondere Sattelstütze, Speichen oder Rahmen) sowie „Lenkerflattern" (quer zur Fahrtrichtung auftretende Kräfte erzeugen hochfrequente Eigenschwingungen von Lenker, Gabel und Vorderrad). Aufgrund seiner höheren Betriebslast muss das Pedelec höheren Anforderungen genügen. Dennoch können Beschädigungen der genannten Bauteile und das Lenkerflattern mindestens Grad-3-Verletzungen herbeiführen. Alle Baumängel führen leicht zu einem Sturzgeschehen. Fehlende Beleuchtung führt zwar nicht unmittelbar zum Sturz, kann jedoch mittelbar durch schlechtes Sehen und Übersehen durch andere in einen Unfall oder Sturz münden.

Eine minutenlange Bewusstlosigkeit nach einem Pedelec-Sturz birgt eine akute Lebensgefahr (z. B. Hirnblutung). Im Vergleich dazu ist eine Verletzung, die eine ambulante Behandlung erfordert, leicht. Selbst ein Hüftbruch ist überwindbar, wenn man bedenkt, dass er in Abhängigkeit von der gewählten Operationsmethode i. d. R. spätestens nach 6 Monaten abgeheilt ist.

Wenn man nun die Brüche von Bauteilen und das Lenkerflattern nach den RAPEX-Leitlinien klassifiziert, dann wird man mindestens von einer 3-gradigen Verletzungsschwere aller genannten Baumängel ausgehen. Alle Baumängel können leicht zu einem Sturzgeschehen führen und der Schenkelhalsbruch stellt bei jedem Sturzgeschehen ein realistisches Szenario dar.

Ein Pedelec ist für Personen, die sich nicht gerne körperlich betätigen, die umweltschonende und führerscheinfreie Alternative zum Mofa. Für Personen mit eingeschränkter Leistungsfähigkeit ergibt sich durch ein Pedelec die Möglichkeit, auch in anstrengenderem Gelände so zu fahren, wie es den eigenen Vorstellungen entspricht. Wer statt des Autos das Pedelec nutzt, wird hiervon bereits bei vergleichsweise geringen täglichen Fahrstrecken gesundheitlich profitieren. Das Tragen eines Fahrradhelmes ist dabei in jedem Fall empfehlenswert und medizinisch sinnvoll.

Das Fahren, Ausweichen und (Voll-)Bremsen mit dem Pedelec sollte zunächst in verkehrsberuhigten Bereichen geübt werden. Die wahrscheinliche Fehleinschätzung der Geschwindigkeit des Pedelecs durch den Fahrenden bzw. die Fahrende sowie andere Verkehrsteilnehmende muss bedacht werden. Das Üben im verkehrsarmen Raum hilft, die Einschätzung der Geschwindigkeit des Pedelecs zu verbessern. Auch kann ein besonders vorausschauender Fahrstil entwickelt werden. Bei eingeschränkter Leistungsfähigkeit empfiehlt es sich, zunächst bekannte Wegstrecken zurückzulegen sowie komplizierte Kreuzungen, Dunkelheit und schlechte Witterungsverhältnisse zu meiden.

Menschen mit vorübergehenden Einschränkungen oder permanenter, altersbedingter Leistungswandlung wie auch Personen, bei denen starkes Übergewicht, Schmerzen oder andere Hindernisse sportliche Betätigung verhindern, können so mit geringem Aufwand zum Radfahren (zurück-)gebracht werden.

21.3 Soziale Teilhabe durch Radfahren

Es gibt unzählig viele bemerkenswerte Initiativen, um soziale Teilhabe durch Radfahren zu ermöglichen. Hier können nur einige Beispiele dargestellt werden:

Der Deutsche Blinden- und Sehbehindertenverband e. V. bietet einen Tandemkalender und Kontakt zu lokalen Gruppen wie Tandem Köln auf seiner Homepage an.[2] So können Menschen trotz Sehbehinderung mit sehgesunden Personen als Lenkende auf Tandems Rad fahren.

Westwind Hamburg ist insbesondere dafür bekannt, Fahrräder an Flüchtlinge zum Sozialpreis abzugeben. Hervorgehoben werden muss auch die Aktion Westwindchen, die Räder passend für heranwachsende Kinder und Jugendliche organisiert. In einer eigenen Werkstatt, dem Schraublabor in Stellingen, werden Fahrräder von einheimischen und geflüchteten Ehrenamtlichen instandgesetzt.[3]

In vielen Krisengebieten konnten oder durften Flüchtlinge, insbesondere Mädchen und Frauen, das Radfahren nicht erlernen. Diesem Missstand begegnet BIKEYGEES e. V. mit Radfahrtrainings für (geflüchtete) Frauen.[4]

Dies sind nur drei von vielen positiven Beispielen dafür, wie Teilhabe am sozialen Leben und Mobilitätsbedürfnisse besonderer Personengruppen befriedigt werden können. Wir würden uns sehr freuen, wenn unsere Lesenden selbst weiter recherchieren würden oder sich sogar an solchen Initiativen beteiligen würden und uns darüber an unsere E-Mail-Adressen informieren. Wir möchten noch drei technische Lösungen vorstellen für die Mitnahme von Kindern und Erwachsenen mit Behinderungen, die selbst leider nicht radeln können. 1. Der Frontlader. Verschiedene Herstellende, z.B. Max and Mäleon, bieten Frontlader an (www.maxandmaeleon.com/produkt/passenger-bike-standard/). Die Technik ist aufwändiger als die weiter unten beschriebenen Anhängerlösungen und entsprechend teuer, über 8.000 Euro. Der wichtigste Vorteil liegt in unserer Sicht darin, dass man sich besser mit dem bzw. der Passagier*in unterhalten kann. 2. Sehr günstige Anhänger für Kinder bis 36 kg gibt es von Weehoo (www.weehoo.de/weehoo-fahrradanhnger-produkte/turbo-bike-trailer-and-trailer-bike). Sie kosten in der Sommeraktion 2025 um die 500 Euro. Dieser Preis ist für diese Technik unschlagbar, sie ist aber wie bereits erwähnt limitiert bis 36 kg. 3. Eine Anhängerlösung bis 160 kg bietet Elinas Fahrwerk (www.elina-fahrwerk.de). Dahinter steht die Geschichte von Elina, Klaus und Nadine. Elina, Klaus und Nadines Tochter, war an den Rollstuhl gebunden und Klaus erfand einen Fahrradanhänger, auf den ein Rollstuhl unmittelbar aufgeschoben werden kann. Inzwischen gibt es sehr viele unterschiedliche Versionen, auch solche mit einem vormontierten Stuhl, auf dem

---

[2] Tandem fahren – Deutscher Blinden- und Sehbehindertenverband e. V.
[3] Westwind Hamburg – Fahrräder für Geflüchtete und Bedürftige.
[4] #BIKEYGEES e. V. – Radfahrtraining für (geflüchtete) Frauen.

unsere gehbehinderte VP09 bequem Platz nehmen konnte. Die am besten ausgestattete Variante, der Citizen-Incluser-73, wurde für die Studie angeschafft und getestet. Komplett zerlegt, passt der Anhänger leicht in einen Opel Corsa. Mit wenigen Handgriffen ist er wieder zusammengesetzt. Die Kupplung ermöglicht eine außerordentliche Wendigkeit, selbst 90 Grad Wenden sind kein Problem. Alle Teile stammen von regionalen Herstellern rund um Kirchen an der Sieg. Die Qualität ist mehr als überzeugend. Das Charger 3 ist die optimale Zugmaschine für das Gespann. Für die Teilhabe von Menschen mit Behinderungen ist Elinas Fahrwerk unbedingt zu empfehlen. Die Lesenden mögen diese drei Lösungen als Ausgangspunkte ihrer eigenen Recherche zur Anschaffung eines Front- bzw. Hecklader nutzen. Wir sind sicher, dass sowohl die Strampelnden als auch die Mitfahrenden viel Freude haben werden, z.B. auf den im elektronischen Zusatzmaterial beschriebenen, schönen Radtouren.

21.4 Muskel-Skelett-Gelenkbeschwerden

Radfahren ist ein Ausdauersport und trainiert in erster Linie die Beine und das Herzkreislaufsystem. Andere Körperteile können teilweise ungünstig beansprucht werden. Dazu gehören die Handgelenke, der untere Rücken und die Kniegelenke. In diesem Kapitel wird dargestellt, wie man diese Körperpartien beim Radfahren schonen kann.

Einseitige Beanspruchung, englisch *Repetitive Strain Injury* RSI, verursacht Irritationen von Sehnen, Faszien und Gelenken bis hin zum Schmerz. Das beste Gegenmittel ist, Haltung und Bewegung zu variieren. Radrennfahrende haben z. B. oft in der Mitte des Lenkers eine Ablagemöglichkeit für die Unterarme. Moderne Griffe bieten eine Ablagefläche für die Handballen. Im Fall der Hände sind auch sogenannte Hörnchen an den Lenkerenden sehr hilfreich. Man kann die Hände dann in ihrer natürlichen Haltung wie beim Laufen, Daumengelenk nach oben, benutzen. Auch der Carpaltunnel wird dadurch entlastet. Taubheit und Kribbeln in den Händen, die bei längeren Radtouren in der einseitigen Haltung auftreten können, vergehen, wenn man die Hände abwechselnd bewegt und ausschüttelt. Mindestens eine Hand muss aber den Lenker immer fest im Griff haben!

Der untere Rücken ist beim Radfahren durch Stöße auf unebenem Grund gefährdet. Wenn eine Vorschädigung des unteren Rückens bereits vorliegt, dann hilft es, einen entsprechend gefederten Sattel oder noch besser einen Stoßdämpfer der Hinterradschwinge einzubauen. Das Avenue hat eine solche Federung (S. Kap. 12). Bei besonders holprigen Strecken, etwa auf Kopfsteinpflaster, hilft es, aus dem Sattel zu gehen und stehend zu radeln. Schließlich ist wie auch schon bei den Händen eine Variation von Haltung viel wert.

Die Knie werden durch das Radfahren mobilisiert und schmerzhafte Kniegelenkprobleme gelindert. Bei einer Vorgeschichte mit verkalkten Knien und/oder Scheibenmenisken sollte man ausprobieren, ob das Trampeln mit eng zusammengehaltenen Knien angenehmer ist.

Um einer einseitigen Beanspruchung von Armen, Schultergürtel, Beinen und Beckengürtel vorzubeugen, können Sie im Stehen vor Ampeln oder Bahnschranken folgende Übungen durchführen. Wiederholen Sie die Übungen so oft, wie es die Wartezeit ermöglicht. Sie sollten auf mindestens 10, besser 50 Wiederholungen jeder Übung kommen:

Abb. 21.1 Maßanfertigung eines Pedelecs für eine 60-jährige, 148 cm große Frau

„Pharao": Arme seitlich ausstrecken und die Hände abwechselnd drehen, sodass immer eine Handinnenfläche unten und ein Handrücken oben ist. Schauen Sie die jeweils nach oben zeigende Handfläche an, drehen Sie den Kopf hin und her und mobilisieren Sie durch die entstehende seitliche Kopfdrehung Ihren Nacken.

„Schürzengriff": Die Arme hängen lassen, erst nach vorne und dann nach hinten bewegen, sodass sie sich treffen (als würden sie eine Schürze binden).

„Umarmung": Die Unterarme im rechten Winkel halten und nach außen, dann nach innen drehen. Beim Öffnen nach hinten drücken, sodass die Schulterblätter sich zusammenziehen.

„Elefant": Diese Übung dient der Schultergelenkdehnung. Ein Arm wird über die Ellbogenbeuge des anderen gelegt und nach hinten sowie zur Seite gedrückt. Der Arm sieht einem Rüssel ähnlich.

„Walzer": Schieben Sie wie beim Walzer abwechselnd die linke und rechte Hüfte nach vorne, sodass das Iliosakralgelenk (ISG) mobilisiert wird.

Für Menschen mit Behinderungen gibt es maßgeschneiderte Angebote, z. B. kleine Räder und tiefe Einstiege. Eine solche Sonderanfertigung muss nicht teurer sein als z. B. das Charger 3 in unserer Studie. Das Rad in Abb. 21.1 wurde 2014 beauftragt und 2015 ausgeliefert für 3.200,00 €. Die Testperson, 60 Jahre alt, 148 cm groß, hatte nach vielen Jahren endlich wieder Lebensqualität durch Bewegung und Naturerlebnisse.

Fahrraddiebstahl und seine Prävention

22

Joachim Vogt, Sam Auer und Christin Cornel

Die Fahrräder steigen in ihrem Wert und leider nehmen Diebstähle zu. Dieses Kapitel zeigt, wie man das Rad schützen kann.

Sichtbar und kurz abstellen
Fahrräder, die lange an abgelegenen Orten stehen, werden mit hoher Wahrscheinlichkeit gestohlen oder beschädigt. Selbst wenn der Rahmen des Rades angeschlossen ist an einen Ständer, Schild-, Laternenmasten o. Ä., kommen Radfahrende zu Schaden durch Teilediebstahl.

Registrieren
Eine gute Möglichkeit, Diebe abzuschrecken, sind Registrierungen jeder Art. Manche Eigentümer von Fahrradunterstellmöglichkeiten bieten so etwas an (Abb. 22.1). Noch besser sind die Angebote von Polizei und adfc.

Anschließen mit zwei verschiedenen Schlosstypen
Zwei **verschiedene Schlosstypen** erschweren Diebstähle, weil die Stehlenden in aller Regel nur ein Werkzeug dabeihaben, das für einen Schlosstyp optimiert ist. Ganz wichtig ist, das Rad nicht nur AB-, sondern ANzuschließen. Das Cruiser-Rad in unserer Studie wurde gestohlen, weil es nur abgeschlossen war mit dem seriemäßig verbauten Rahmenschloss. Solche Schlösser taugen lediglich für kurze Stopps, bei denen das Rad nicht aus den Augen gelassen wird, um zu verhindern,

---

J. Vogt (✉)
FAI, TU Darmstadt, Darmstadt, Deutschland
E-Mail: joachim.vogt@tu-darmstadt.de

S. Auer
Solingen, Deutschland

C. Cornel
FAI, TU Darmstadt, Aschaffenburg, Deutschland

Abb. 22.1 Regengeschützte und registrierte Räder am Bahnhof Groß-Gerau

dass Stehlende aufspringen und davonfahren (z. B. beim Bäcker, daher „Brötchen"-Schloss). Aufgrund der schlechten Diebstahlsicherung wurde das Rad kurz nach dem Einkauf für 990 € im März 2020 gestohlen, obwohl es in einem Parkhaus der Universität abgestellt war.

Leider ist Anschließen keine Garantie, wie unsere Studie mit dem eBM-Conti-Rad zeigte: Es war mit 2 guten Schlössern gegen Ende der Studie innerhalb einer Stunde während der Übergabe zwischen zwei Testpersonen in der Fahrradgarage am Hauptbahnhof Darmstadt gestohlen worden. Die Diebe haben die ABUS-Bordo- und Bordo-Plus-Schlösser nicht geknackt, sondern kurzerhand den ganzen Fahrradständer aus dem Betonboden gestemmt (Abb. 22.2).

Schließlich scheint sich auch der Diebstahl von Kleinteilen zu lohnen. Klingel, Lampe, Reflektoren und Sattel sind beliebtes Diebesgut. Abb. 22.3 zeigt links zwei an einen Fahrradständer angeschlossene Räder. Der Sattel des linken Rades fehlt. Rechts sieht man ein Rad, dessen Vorderrad ausgebaut wurde, um es zusammen mit dem Rahmen anzuschließen. Klingel und Reflektor fehlen. Es gibt leider viele weitere Beispiele.

Es wurden die bei den Testrädern mitgelieferten Schlösser getestet und auch einige zugekauft. Die eingebauten Schlösser waren ein Kabelschloss beim Avenue-Rad, integriert im Rahmen, und ein Rahmenschloss am Hinterrad des Cruisers.

Abb. 22.2 Fahrradständer in der Fahrradgarage am Hauptbahnhof Darmstadt, der zerlegt wurde, um das eBM-Rad zu stehlen, OHNE die Bordo-Schlösser knacken zu müssen

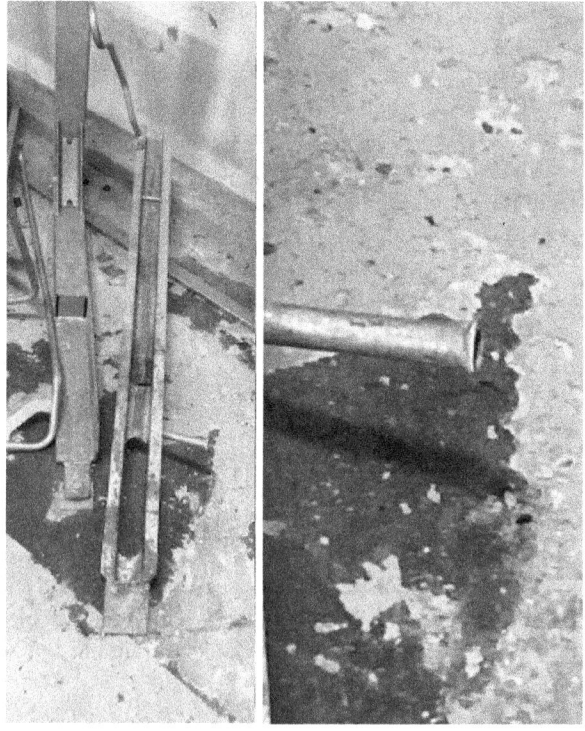

Abb. 22.3 Satteldiebstahl am Bahnhof Groß-Gerau

Die zugekauften Schlösser waren:

- Kabel-Zahlenschloss mit 4 Zahlrädern
- ABUS Bordo Faltschloss (Abb. 22.5)
- ABUS Bordo Plus Faltschloss 149 € (Abb. 22.7)
- ABUS Bügelschloss (Abb. 22.6)
- Ketten-Zahlenschloss mit 5 Zahlrädern (Abb. 22.4)
- ABUS CH Lock 5207; Kette mit Schutzhülle; Sicherheitsstufe 6 von 10
- ABUS Fahrradschloss IVERA Chain 7210/110 schwarz 110,0 cm (Abb. 22.10)
- ABUS Fahrradschloss IVERA Steel-O-Flex™ 7200/85 schwarz 85,0 cm für 38,29 € (Abb. 22.9)
- ABUS Fahrradschloss CH Lock 5407 schwarz 110,0 cm für 37,69 € (Abb. 22.11)
- ABUS Fahrradschloss GRANIT™ CityChain XPlus 1060/170 schwarz 170,0 cm für 160,99 € (Abb. 22.8)

Alle Schlüsselschlösser schließen nach rechts auf und nach links zu. Dies ist kontraintuitiv, weil es bei den meisten anderen Schlössern, z. B. an Haustüren, andersherum ist. Die Riegel verhaken sich oft; in regelmäßigen, kurzen Zyklen müssen sie geschmiert werden, insbesondere, wenn sie Regen ausgesetzt waren.

Einheitliche Sicherheitsstandards gibt es leider nicht. Die Herstellenden geben ihren Schlössern nach eigenen Skalen Sicherheitswerte. Somit sind nur Vergleiche

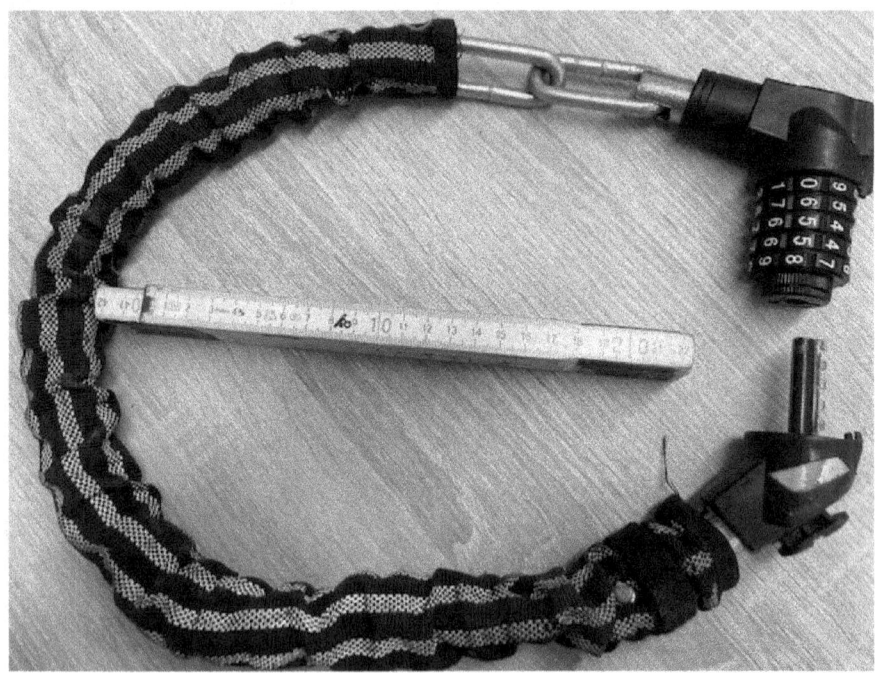

Abb. 22.4 Ketten-Zahlenschloss mit 5 Zahlrädern

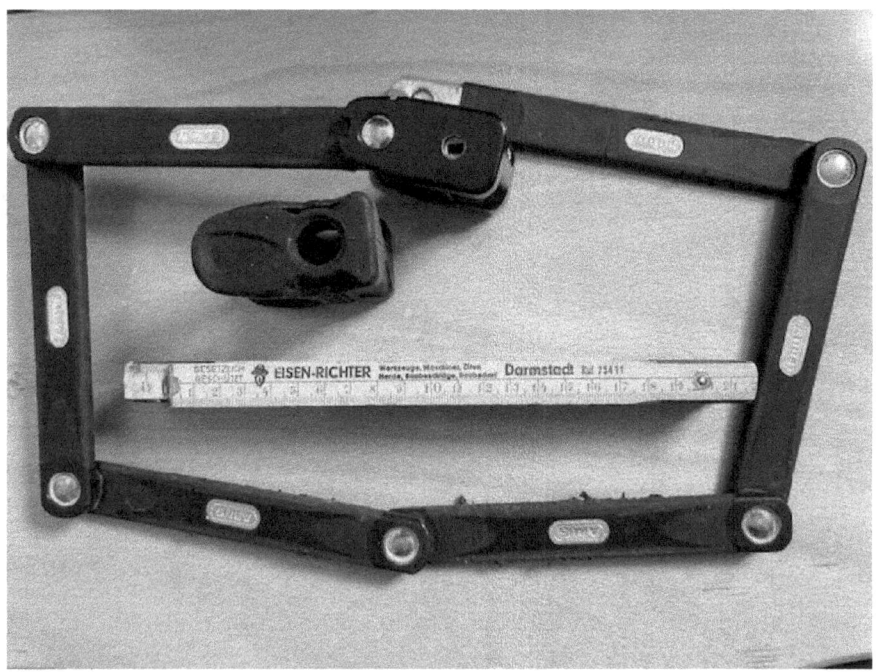

Abb. 22.5 ABUS Bordo Faltschloss

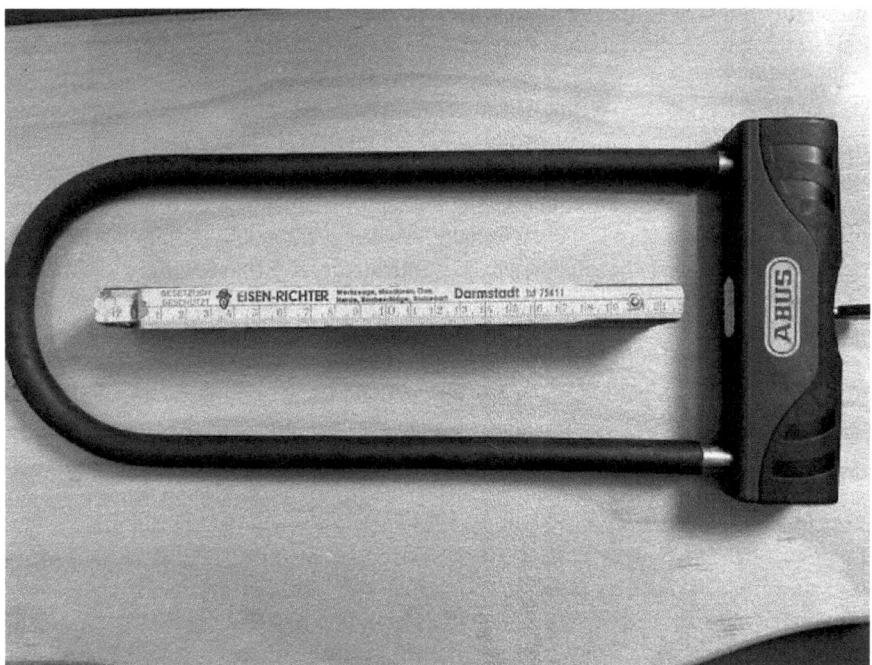

Abb. 22.6 ABUS Bügelschloss

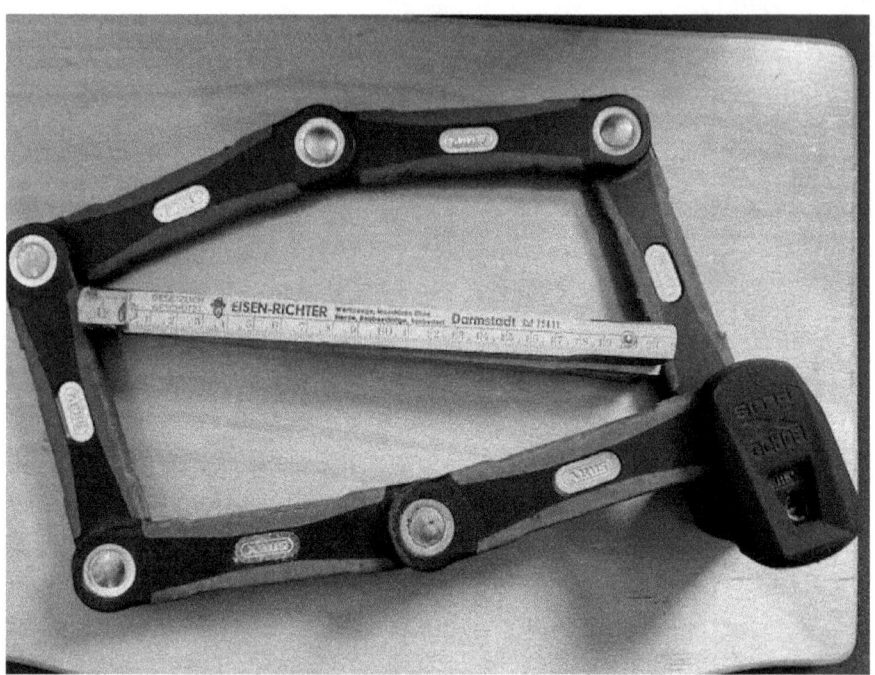

Abb. 22.7 ABUS Bordo Plus Faltschloss für 149 €

innerhalb eines Herstellers möglich. Ein einheitlicher Maßstab auf der Grundlage eines strengen Testverfahrens wäre dringend erforderlich, denn die Fahrraddiebstähle nehmen rasant zu.

Das im Rahmen des Avenue-Rads integrierte Kabelschloss ist sehr benutzendenfreundlich: Es ist immer dabei und lang genug, um das Rad an z. B. einen Laternenpfahl zu schließen. Allerdings taugt es nur für kurze Halte, etwa beim Bäcker. Tatsächlich wurde es im Laufe der Studie aufgebrochen. Zunächst wurde versucht, den Kopf mit einer Eisensäge vom Kabel zu trennen. Als das nicht gelang, wurde der Kopf aus dem Zylinder herausgehebelt. Die Diebe waren zuvor am Schlosszylinder gescheitert.

Das zugekaufte Kabelzahlenschloss muss um die Sattelstange gewickelt werden. Es ist sicherer als das im Avenue integrierte. Allerdings passierte es einer Vp, dass sie die Zahlenkombination unbeabsichtigt verstellte. Überraschenderweise konnte die neue Kombination schnell gefunden werden, indem unter ständigem Zug der beiden Kabelenden die Zahlenräder einzeln gedreht wurden, bis ein Widerstand anzeigte, dass der Riegel sein Gegenstück berührt und die richtige Zahl erreicht wurde. Dieses Verfahren funktionierte nicht immer und beim zweiten unbeabsichtigten Verstellen musste das Kabel durchgesägt werde. Auch könnten sich Diebe dieses Verfahren zunutze machen. Es ist wichtig, das Zahlenschloss nicht offen an einem Stammstandplatz hängen zu lassen; zum einen hat auch das Schloss selbst einen Wert und zum anderen könnten Diebe sich die Kombination bei Abwesenheit einprägen und das Rad bei nächster Gelegenheit mitgehen lassen. Hauptvorteil des Zahlenschlosses: Es kann kein Schlüssel ver-

Abb. 22.8 ABUS Fahrradschloss GRANIT™ CityChain XPlus 1060/170 170 cm für 160,99 €

loren gehen. Tatsächlich gingen im Laufe der Studie drei Schlüssel verloren. Da es zu fast jedem Schloss einen Zweitschlüssel gab, waren die Verluste verkraftbar, die Kosten beschränkten sich auf die Herstellungskosten einer Kopie des Zweitschlüssels.

Die von uns untersuchten Faltschlösser der Firma ABUS, Typ Bordo und Bordo Plus, bestehen aus 5,5 mm starken, speziell gehärteten Stahlstreben, die durch Spezialnieten verbunden sind. Diese Nieten sind sowohl flexibel als auch extrem robust gegen Angriffe z. B. mit einer Säge. Der Präzisionsscheibenzylinder ABUS XPlus bietet höchstmöglichen Schutz vor Manipulationsversuchen am Schloss. Die sechs Glieder sind zwischen 15 und 19 cm lang. Sie sind mit Kunststoff bzw. Gummi überzogen, so wird die Korrosion des Schlosses abgemildert und Kratzer am Rad werden vermieden. Anders als die Kette legen sie sich nicht geschmeidig um Rahmen- und Fahrradständer. Meistens sind sie ein Glied zu kurz, so der Eindruck ALLER Testpersonen. Der Kopf ist ebenfalls mit Gummi verkleidet. Diese Verkleidung löst sich mit der Zeit. Den Schlüssel rechts drehen öffnet das Schloss, links herum schließt. Dies ist für Menschen in Deutschland kontraintuitiv, weil die meisten anderen Schlösser mit Linksdrehung des Schlüssels öffnen.

Das Kettenzahlenschloss mit 5 Zahlrädern kann bequem um die Sattelstange gewickelt werden. Es kann um Laternenmasten etc. geführt werden, jedoch wären

Abb. 22.9 ABUS
Fahrradschloss IVERA
Steel-O-Flex™ 7200/85
schwarz 85,0 cm
für 38,29 €

ein paar Kettenglieder mehr gut, weil man bzw. frau sich sonst teilweise weit vor- oder runterbeugen muss. Die Programmierung der Zahlenkombination ist ebenso einfach wie bei dem mit 4 Zahlrädern. Im Gegensatz zu dieser hat sie sich im Laufe der Studie nie verstellt. Der Kopf mit den Zahlenrädern enthält eine Leuchte, sodass auch im Dunkeln geschlossen und geöffnet werden kann. Zwar haben viele Fahrende eine Handy-Taschenlampe, es wäre jedoch schwierig, die zu halten und gleichzeitig die beiden Schlossenden sowie die Zahlenringe zu handhaben. Die Ummantelung der Kette enthält reflektierende Streifen. Das Schloss anzulegen ist wesentlich einfacher als bei dem Kabelschloss, weil die Kette weniger steif ist als das Kabel.

Es ist zu empfehlen, ein Rad stets mit zwei Schlössern an fest verbauten Gegenständen wie Fahrradständern zu sichern (Abb. 22.12).

Vp10 hat sich intensiv mit Fahrradschlössern beschäftigt. Ausgewertet wurden Internetseiten und Printmedien der Herstellenden. Die Firma ABUS kennzeichnet ihre Schlösser mit den Zahlen 1 bis 15, wobei 15 die höchste Sicherheitsstufe ist. Das Faltschloss Bordo Plus erhält die höchste Sicherheitsstufe von 15. Im Folgenden werden weitere Schlossvarianten der Firma ABUS aufgelistet:

Abb. 22.10 ABUS Fahrradschloss IVERA Chain 7210/110 schwarz 110,0 cm für 52,45 €

1 Steel-O-Flex (Kabelschlösser mit hoher Flexibilität); Sicherheitslevel: 5, 6, 7, 9 & 10
2 Bügelschlösser; Sicherheitslevel: 7, 8, 9, 11, 12, 15
3 Spiralkabelschlösser; Sicherheitslevel: 1, 2, 3, 4, 5
4 Kabelschlösser; Sicherheitslevel: 1, 2, 3, 4, 5, 6, 7, 8
5 Faltschlösser; Sicherheitslevel: 6, 7, 9, 10, 15
6 Kettenschlösser; Sicherheitslevel: 0, 2–13, 15
7 Rahmenschlösser; Sicherheitslevel: 4, 6, 7, 9

Quelle: mobil.abus.com

AXA: 1–20 Sicherheitsstufen
Eine feiner unterteilte Differenzierung wählt die Firma AXA, sie unterteilt ihre Schlösser in drei Kategorien (niedrige, mittlere und hohe Sicherheit). Innerhalb jeder Kategorie gibt es Sicherheitsstufen. So ergeben sich bei AXA Schlösser mit einer Sicherheitsstufe zwischen 1 und 20. Schlösser der Kategorie „niedrige Sicherheit" umfassen die Sicherheitsstufen 1 bis 6. Die Schlösser dieser Kategorien dienen dem kurzzeitigen Einsatz, beispielsweise beim Bäcker. Alle Kabelschlösser, die

Abb. 22.11 ABUS Fahrradschloss CH Lock 5407 schwarz 110,0 cm für 37,69 €

AXA verkauft, fallen unter diese Kategorie, die Sicherheitsstufe variiert dabei zwischen 2 und 6. Außerdem gibt es in dieser Kategorie ein Kettenschloss (Sicherheitslevel 3) und ein Ringschloss (Sicherheitslevel 5). In der Kategorie „mittlere Sicherheit" sind Schlösser mit der Sicherheitsstufe 7–10 angesiedelt. Die Empfehlung des Unternehmens richtet sich dabei an Personen, die ihr Fahrrad an stark frequentierten Orten wie beispielsweise einem Schulhof abstellen wollen. AXA verkauft in dieser Kategorie Bügelschlösser (Sicherheitsstufe 8), Faltschlösser (Sicherheitsstufe 7–9), Kettenschlösser (Sicherheitsstufe 7–9) und Ringschlösser (Sicherheitsstufe 9 & 10). Sämtliche Schlösser mit einer Sicherheitsstufe über 10 werden der Kategorie „hohe Sicherheit" zugeordnet. Jene Schlösser sollte man bei längerer Standzeit des Fahrrads oder an Orten mit erhöhtem Diebstahlrisiko nutzen. Häufig sind Schlösser dieser Kategorie mit einem Gütezeichen versehen, sodass sie auch den Anforderungen einer Fahrradversicherung gerecht werden. In dieser Kategorie verkauft AXA Faltschlösser (Sicherheitsstufe 11 & 14), ein Bügelschloss (Sicherheitsstufe 15), Ringschlösser (Sicherheitsstufe 11, 12, 13, 15) und Kettenschlösser (Sicherheitsstufe 14, 15, 18, 20).

Quelle: axasecurity.com

22 Fahrraddiebstahl und seine Prävention

Abb. 22.12 Charger 3 gesichert mit ABUS Bordo Plus Faltschloss und Langkabelschloss

BBB: 1–12 Sicherheitsstufen
Bei der Firma BBB cycling werden die angebotenen Schlösser auf einer 12-stufigen Skala eingeordnet. Die schwächsten Schlösser sind die Kabelschlösser, ihre Sicherheitsstufe variiert zwischen 1 und 6. Mit einer Sicherheitsstufe von 7 schließen sich die Kettenschlösser nahtlos an, diese sind jedoch auch mit Sicherheitsstufe 8 und 11 erhältlich. Ungefähr den gleichen Schutz sollen Klappschlösser bieten, diese sind in den Sicherheitsstufen 8, 9 und 11 erhältlich. Den besten Schutz erreicht man bei BBB mit einem Bügelschloss der Sicherheitsstufe 12.
Quelle: bbbcycling.com

CUBE Equipment: 1–15 Sicherheitsstufen
Die Firma CUBE wählt für ihre Sicherheitsstufen wieder eine Kategorienunterteilungsskala. Dabei gibt es drei Kategorien; „Medium Security", „High Security" und „Maximum Security" und 15 Sicherheitsstufen. Die ersten vier Sicherheitsstufen fallen unter die Kategorie „Medium Security". In diese Kategorie fallen alle Kabelschlösser (Sicherheitsstufe 1, 2 & 4), zwei Kettenschlösser (Sicherheitsstufe 1 & 2) und ein Faltschloss (Sicherheitsstufe 3). In der Kategorie „High Security" werden alle Schlösser mit einer Sicherheitsstufe zwischen 5 und 9 eingestuft. Hier sind nur zwei Kettenschlösser mit den Sicherheitsstufen 7 und 8 erhältlich. Alle Schlösser, deren Sicherheitsstufe über 10 liegt, fallen in die „Maximum

Security"-Kategorie. In dieser wird ein Kettenschloss mit Sicherheitsstufe 12 und zwei Faltschlösser in den Sicherheitsstufen 11 und 15 angeboten.

Quelle: cube.eu

FISCHER: 0–9 Sicherheitsstufen
Die Firma FISCHER stellt eigene Schlösser her und vertreibt Schlösser anderer Marken wie beispielsweise ABUS. Die firmeneigenen Sicherheitsstufen sind dabei nicht immer angegeben und auch eine Information über die höchstmögliche Sicherheitsstufe fehlt leider. Die angebotenen Schlösser sind Kabelschlösser (Sicherheitsstufe 4, 6 & 8), Kettenschlösser (Sicherheitsstufe 5 & 8), Bügelschlösser (Sicherheitsstufe 8 & 9) und je ein Gliederschloss (Sicherheitslevel 6) und ein Faltschloss (Sicherheitslevel 8).

Quelle: fischer-fahrradshop.de

Kryptonite: 1–10 Sicherheitsstufen
Ein Unternehmen, welches auf eine erfolgreiche Firmengeschichte zurückschauen kann, ist Kryptonite. Michael Zane stellte 1971 das erste Schloss her und ein Jahr später testete er es in New York City. In diesem Test ließ er das Fahrrad für 30 Tage im belebten New York stehen, während dieser Zeit wurden zwar alle beweglichen Teile des Fahrrads geklaut, aber der Rahmen und das Schloss blieben an Ort und Stelle. Heute stellt Kryptonite nicht nur Schlösser für Fahrräder, sondern auch für Motorräder, Schneemobile und Ausrüstung her. Die Firma unterteilt ihre Schlösser in die Sicherheitsstufen 1 (abschreckende Wirkung) bis 10 (ultimativer Schutz). Kabelschlösser sind in den Sicherheitsstufen 1 bis 3 erhältlich und werden nur für den kurzen Halt in ländlichen Gegenden empfohlen. Faltschlösser werden in den Sicherheitsstufen 5 und 6 angeboten. Entscheidet man sich hingegen für den besten Schutz, muss man zwischen einem Bügelschloss und einem Kettenschloss wählen. Beide Schlosssysteme gibt es in den Sicherheitsstufen 5–10.

Quelle: kryptonitelock.de

Master lock: 10 Sicherheitsstufen (unklar)
Master Lock ist ein Hersteller für verschiedene Sicherheitsprodukte, er beliefert sowohl Privathaushalte als auch Unternehmen und die Industrie. Im Bereich der Zweiradsicherheit bietet das Unternehmen verschiedene Kabel-, Bügel- und Kettenschlösser. Dabei bleibt eine Differenzierung in verschiedene Sicherheitsstufen leider aus, dem Kunden wird also beim Kauf nicht klar, welche Sicherheitsstufe das gekaufte Schloss besitzt. Ergänzt wird das Angebot von Master Lock zudem um *Street Cuff*-Schlösser, diese haben eine Art Handschelle, an der ein Stahlkabel befestigt ist. Am Ende des Kabels ist eine Schlaufe, die man mithilfe der Handschelle sichern kann. Diese Schlösser sind besonders flexibel und können fast überall eingesetzt werden. Jedoch fehlt auch bei den *Street Cuff*-Schlössern eine Einteilung in verschiedene Sicherheitsstufen.

Quelle: fahrrad.de

nean: A–H (A sehr sicher, H schlechter)
Eine andere Differenzierung der Sicherheitsstufen wählt die Firma nean, sie kennzeichnet ihre Sicherheitsstufen nicht mit Zahlen, sondern mit Buchstaben. Dabei steht „A" für die größte Sicherheit und „H" für die geringste. Verkauft werden jedoch nur Schlösser der Sicherheitsstufen A und B. Es werden sechs verschiedene Schlosstypen hergestellt. Panzer- und Rahmenschlösser gibt es nur in Sicherheitsstufe B. Die restlichen Schlosstypen sind Bügel-, Falt-, Kabel- und Kettenschlösser, alle Schlosstypen sind in Sicherheitsstufe A und B erhältlich.
Quelle: NEANversand.de

Onguard: 1–100 Sicherheitsstufen
Eine sehr feine Unterteilung der Sicherheitsstufen wählt die Firma Onguard. Sie unterteilt ihre Schlösser mit Sicherheitsstufen zwischen 1 und 100. Das unsicherste Schloss ist dabei ein Kabelschloss mit Sicherheitsstufe 20. Weitere Kabelschlösser sind bis Sicherheitsstufe 50 verfügbar, außerdem gibt es verstärkte Kabelschlösser, diese reichen bis Sicherheitsstufe 60. Auf dieser Stufe setzen auch die unsichersten Bügelschlössern an, die sichersten Bügelschlösser reichen jedoch bis Sicherheitsstufe 95. Die sichersten Schlösser sind Kettenschlösser oder *Disc locks*, diese sind mit einer Sicherheitsstufe von 99 verfügbar. *Disc locks* beginnen auf einer Sicherheitsstufe von 45 und Kettenschlösser bei Sicherheitsstufe 70.
Quelle: onguardlock.com

Trelock: 1–6 Sicherheitsstufen
Trelock wählt 18 Sicherheitsstufen zur Kennzeichnung seiner Schlösser. Dabei werden diese in drei Kategorien mit jeweiligen Anwendungsempfehlungen aufgeteilt. Schlösser mit einer Sicherheitsstufe zwischen 1 und 6 werden für kurze Stopps und Komponentensicherung (z. B. Helm) empfohlen, sie werden in der untersten Kategorie aufgelistet. Hierunter fallen alle Spiralkabelschlösser (Sicherheitsstufe 1–4), drei Panzerkabelschlösser (Sicherheitsstufe 4–6), zwei Kettenschlösser (Sicherheitsstufe 3, 6) und ein Rahmenschloss (Sicherheitsstufe 4). In die mittlere Kategorie fallen Schlösser mit einer Sicherheitsstufe zwischen 7 und 12. Ihr Einsatzgebiet umfasst die tägliche Hauptsicherung mittelpreisiger Fahrräder oder die Zusatzsicherung für E-Bikes und hochpreisige Fahrräder. Mit Sicherheitsstufe 7 gibt es ein Panzerkabelschloss in dieser Kategorie, ein Kettenschloss (Sicherheitsstufe 9), zwei Faltschlösser (Sicherheitsstufe 9, 12) und ein Bügelschloss (Sicherheitsstufe 12). Alles über Sicherheitsstufe 13 fällt unter die beste Sicherungskategorie, die tägliche sowie nächtliche Hauptsicherung sämtlicher Fahrräder fällt unter diese Kategorie. Trelock verkauft in dieser Kategorie drei Kettenschlösser (Sicherheitsstufe 13, 15, 17), ein Faltschloss (Sicherheitsstufe 15), ein Rahmenschloss (Sicherheitsstufe 13) und vier Bügelschlösser (13–15, 17).
Quelle: trelock.de

Zéfal: 1–20 Sicherheitsstufen
Für eine 20-stufige Unterteilung hat sich Zéfal entschieden, das Unternehmen begann mit der Herstellung von Fahrradpumpen und hat mittlerweile ein breites An-

Abb. 22.13 Charger 3 mit ABUS Bordo, angeschlossen an einen klassischen Fahrradständer

gebot rund ums Fahrrad entwickelt. Im Bereich der Sicherheit werden vier verschiedene Schlossarten angeboten. Kabelschlösser gibt es mit der Sicherheitsstufe 6, 8 und 9. Kettenschlösser variieren zwischen den Sicherheitsstufen 8 und 18 (Sicherheitsstufe 8, 10, 12, 14, 18). Bügelschlösser gibt es mit Sicherheitsstufe 11, 13 und 17. Ein Faltschloss mit Sicherheitsstufe 16 ergänzt das Angebot.

Quelle: zefal.com

Die Zahl der Fahrraddiebstähle steigt zwar an, jedoch stehen Radfahrenden verschiedene Präventionsmöglichkeiten offen. So sollten Räder zunächst registriert werden. Räder sollten außerdem an gut sichtbaren Plätzen abgestellt werden. Am Abstellort sollten die Räder mit zwei verschiedenen Schlosstypen an fest verbauten Gegenständen gesichert werden (Abb. 22.13).

Zubehör

Joachim Vogt und Ulrich Klingler

Inhaltsverzeichnis

23.1	Flaschen	135
23.2	Spiegel	136
23.3	Kleidung	141
23.4	Gepäcktaschen und Gurte	141
23.5	Werkzeug	148
23.6	Luftpumpen	151
23.7	Navigation und Handy	151

Im Rahmen der Studie wurde diverses Zubehör getestet: Flaschen, Spiegel, Gepäcktaschen, Haltegurte, Regenkleidung, Navigation und Handyhalterungen, Werkzeuge, Luftpumpen. Die Ergebnisse sind im Folgenden dargelegt.

23.1 Flaschen

Joachim Vogt

Es wurden verschiedene Trinkflaschen getestet: Die Plastikflasche für den Halter des Charger 3, eine weitere Flasche aus Plastik mit Saugnippel und zwei Edelstahlfaschen (eine mit und eine ohne Saugnippel).

J. Vogt (✉)
FAI, TU Darmstadt, Darmstadt, Deutschland
E-Mail: joachim.vogt@tu-darmstadt.de

U. Klingler
Zweirad Schneider, Langen (Hessen), Deutschland

© Der/die Autor(en), exklusiv lizenziert an Springer-Verlag GmbH, DE, ein Teil von Springer Nature 2025
U. Klingler, J. Vogt (Hrsg.), *Pedelecs – Mensch, Technik, Straßenraum*,
https://doi.org/10.1007/978-3-662-70959-7_23

Abb. 23.1 Trinkflaschenhalterung am Charger 3

Abb. 23.1 zeigt die Trinkflaschenhalterung am Charger 3. Zwei Schrauben im Rahmen (die untere in Abb. 23.1 abgebrochen) halten die Flasche, deren Wand Einbuchtungen an den entsprechenden Stellen enthält. Dieses System wird von Riese & Müller bei vielen Rädern verwendet. Die Konstruktion ist gut, weil die Flasche während der Fahrt einhändig entnommen und mit den Zähnen (Saugnippel) geöffnet werden kann. Leider schmeckt das Wasser nach Plastik und entsprechende Flaschen (mit Vertiefungen) aus Stahl sind nicht verfügbar.

Ungünstig ist auch, dass sich die Flasche im Bewegungsbereich des Lenkers befindet. Die Herstellenden sollten serienmäßig eine optimal an das Rad angepasste Halterung mit Stahlflasche mitliefern.

Geschmacklich sind die Edelstahlflaschen unbedingt vorzuziehen. Es wäre sehr gut, wenn serienmäßig Edelstahlflaschen mitgeliefert werden würden, die in die o. g. Aufhängung passen und v. a. nicht in den Lenkerradius hineinragen. Die Edelstahlflasche ohne Saugnippel kann nur im Stehen benutzt werden, weil das Abdrehen des Verschlusses beide Hände erfordert.

23.2 Spiegel

Joachim Vogt

Folgende Spiegel wurden getestet:

1. Busch und Müller Typ 913, ovaler großer „Nieren"-Spiegel mit Gestänge; 32,95 €.
2. Busch und Müller Typ 901, kleiner runder Spiegel ohne Gestänge; 11,52 €.
3. Busch und Müller Typ 903, kleiner runder Spiegel mit Gestänge; 15,67 €.
4. Busch und Müller Cyclestar 60, kleiner runder Spiegel mit Gestänge, das man aber unbenutzt lassen kann, weil am Spiegelgelenk eine In-Lenkerrohr-Aufhängung vorhanden ist; 10,50 €.

Abb. 23.2 Spiegel mit schwachem Gelenk am Charger 3; eine OP-Maske wurde komplett eingebracht

5. Prophete Weitwinkel-Spiegel mit Gelenk im Gestänge; 9,99 €.
6. Von unbekanntem Herstellenden: Testspiegel an einer Teleskopstange mit Doppelgelenk aufgehängt, 1,00 € im 1-Euro-Shop.
7. Prophete Spiegel mit Stange zur Befestigung am Lenker (nicht Lenkerende wie bei allen anderen); 12,99 €.
8. JES Collection, J.E. S GmbH, Würzburg; runder Spiegel an Schwanenhals, für 1 € aus dem 1-Euro-Shop.

Bei dem ovalen Spiegel (Busch und Müller Typ 913) ist die Aufhängung zu locker. Jede Erschütterung verstellt den Spiegel. Kurzfristig hilft es, ein Papiertaschentuch oder eine OP-Maske in die Gummimuffe des Gelenks zu stopfen (Abb. 23.2).

Wenn die Gummimuffe noch mit Sekundenkleber an dem Spiegel befestigt wird, ergibt das guten Halt. Der Spiegel muss bei den meisten Türen (z. B. Aufzug) eingeklappt werden.

Der kleine runde, unmittelbar an der Lenkstange angebrachte Spiegel (Busch und Müller Typ 901) hat den Nachteil, dass man sich in seine Richtung beugen muss, um eine ausreichende Sicht nach hinten zu haben.

Wie alle Spiegel mit Gestänge brach auch der Doppelgelenkspiegel früher oder später ab (Abb. 23.3).

Der Spiegel von Cycle Star kann mit oder ohne Gestänge montiert werden. Direkt am Lenker links befestigt, muss er nicht eingeklappt werden. Ein Nachteil ist allerdings, dass man sich etwas nach links beugen muss, um den hinteren Straßenraum komplett einzusehen.

Der FISCHER Spiegel Proline 3-D hat eine konvexe Oberfläche und eröffnet damit einen Weitwinkelblick nach hinten. Alle Objekte sind im Spiegel verkleinert und ihre Bewegungen wirken schneller. Die Montage erfolgt am Lenkerende. Lenkerinnendurchmesser von 19–22,2 mm sind passend. Durch ein Gelenk im Gestänge ist der Spiegel in alle Raumdimensionen verstellbar. Dadurch und wegen des Weitwinkels kann man den Spiegel so einstellen, dass man auch die spiegelabgewandte Straßen-

Abb. 23.3 Gebrochener Doppelgelenkspiegel am Charger 3

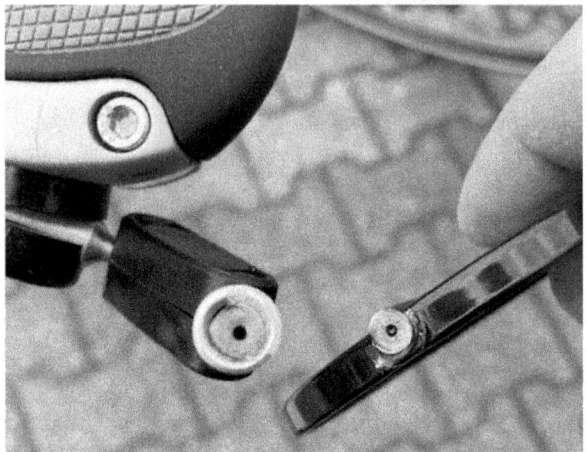

seite hinter sich sieht. Wenn man den Spiegel links anbringt und dann auf diese Weise die rechte Straßenseite mit beobachtet, dann sitzt man sich manchmal selbst im Bild. Der Verkehr unmittelbar neben dem bzw. der Fahrenden ist also durch den eigenen Körper verdeckt. Eine rückschauende Beobachtung im Sinne der *Situational Awareness* (Endsley und Garland 2000) ermöglicht dennoch eine sichere Berücksichtigung des rückwärtigen Verkehrs auf der dem Spiegel abgewandten Seite. Ein zweiter Außenspiegel ist nicht notwendig. Eine Anti-Kratzbeschichtung verspricht lange klare Sicht (was wir nicht testen konnten).

Von einem unbekannten Herstellenden stammt der nächste Testspiegel. Ebenfalls rund und an einer Teleskopstange mit Doppelgelenk aufgehängt, konnte er für 1 € im 1-Euro-Shop erworben werden. Die Teleskopstange wurde zusammengeschoben, mit Textilklebeband umwickelt und im linken Handgriff versenkt (Abb. 23.4). Die Einstellungsmöglichkeiten des Spiegels sind gut, der Preis ist unschlagbar. Ein wichtiger Nachteil ist, dass dieser Spiegel nicht sphärisch ist. Man erhält einen Ausschnitt vom rückwärtigen Straßenraum, der uns zu klein erscheint – jede und jeder Fahrende möge selbst entscheiden.

In unseren Augen waren die besten Lösungen mit den bereits genannten Vorteilen der kleine runde Spiegel am Stiel, der Doppelgelenkspiegel und der Weitwinkelspiegel. Sie sind fest genug, damit sie sich nicht von alleine verstellen. Das Doppelgelenk kann zusätzlich mit Schrauben steifer gestellt werden. Durch Stiel bzw. Doppelgelenk kann man sehr gut die Sichtfelder einstellen. Man kann außerdem die Spiegel weit zu sich ziehen, sodass sie nicht am linken Handgriff überstehen, wenn man z. B. eine Tür passiert. Beide Konstruktionen haben den Nachteil, dass die Stangen nicht stabil sind und brechen, wenn das Rad auf die Seite fällt oder beim Passieren einer Tür vergessen wird, sie einzuklappen (Abb. 23.5). Der Doppelgelenkspiegel kann beim Passieren einer Tür oder sonstigen Engstelle eingeklappt werden. Es gab aber auch Testende (Vp05), die genau das als Nachteil bewerteten: Sie fanden es unbequem, den Spiegel nach jeder Fahrt einzuklappen, weil das Rad sonst nicht

23 Zubehör

Abb. 23.4 Doppelgelenkspiegel eines unbekannten Herstellenden, rechts oben mit Textilband umwickelt und in den linken Lenker des Charger 3 eingeführt

Abb. 23.5 Doppelgelenkspiegel, eingeklappt, am eBM Conti Rad

durch die Tür des Abstellraums passte, und ihn vor jedem Fahrtantritt im Sattel sitzend wieder einzustellen. Für einen solchen Abstellraum ist der Spiegel zu empfehlen, der nicht über das Lenkerende hinausragt (Abb. 23.6).

Abb. 23.7 zeigt den Spiegel an der kleinen Stange. Die Stange ist nicht so bruchgefährdet wie die anderen Stangen

Abb. 23.7 zeigt einen weiteren Spiegel aus dem 1-Euro-Shop (Abb. 23.8).

Abb. 23.6 Prophete Spiegel mit Stange zur Befestigung am Lenker (nicht Lenkerende wie bei allen anderen)

Abb. 23.7 Spiegel mit Stange zur Befestigung am Lenkerende

Abb. 23.8 Runder Spiegel an Schwanenhals, für 1 € aus dem 1-Euro-Shop, JES Collection, J.E. S GmbH, Würzburg

23.3 Kleidung

Joachim Vogt

Eine gute Bekleidung, die vor Wetter und Verletzung schützt, ist unabdingbar. Sie ermöglicht es uns nicht nur, bei schlechtem Wetter physisch geschützt zu fahren, sie stärkt uns auch psychologisch, da wir nicht auf das Radeln verzichten müssen und Kontrolle über die Schlecht-Wetter-Situation erlangen.

Es wurde Arbeitsschutzkleidung von srs in Darmstadt bezogen. Eine Arbeitshose der Firma FHB mit Knieschonern hat sich als ziemlich wetterfest erwiesen, aber der Tragekomfort mit den Knieschonern ist gering. Die Schoner scheuerten an den Knien von Vp01 bei jeder Trittbewegung. Sie konnten leicht entfernt werden, mit ihnen ging aber auch der Schutz der Knie verloren.

Sehr regenfest (nicht nur ziemlich) ist die Regenjacken von FHB Typ Rainer. Die FHB-Kleidungsstücke können sehr gut über der normalen Kleidung getragen werden. Wenn der Regen aufhört bzw. wenn es wärmer wird, können sie klein zusammengerollt und in Fahrradtaschen verstaut werden. In diesem Fall nicht das Ausrollen und Trocknenlassen vergessen.

Eine Motorradhose von Böse aus Polyamid mit Knie- und Hüftschützern war in den kühleren Jahreszeiten sehr angenehm zu tragen. Die Protektoren waren fester verbaut als die in der FHB-Hose und scheuerten daher nicht. Für den Sommer muss dann jede*r selbst entscheiden, wie viel Schutz und wie viel Schwitz er*sie haben will.

Sicherheitsstiefel von ATLAS S3 mit Stahlkappen vorne haben sich bei den Fahrten von Vp01 sehr bewährt. Insbesondere für steinige und/oder schlammige Untergründe können wir sie empfehlen. Aber auch ein Abrutschen des Fußes unter die Pedale während der Fahrt wird mit den Stiefeln weitgehend verletzungsfrei überstanden.

23.4 Gepäcktaschen und Gurte

Joachim Vogt

Es wurden verschiedene Gepäcktaschen ausprobiert und die Art ihrer Befestigung am Rad. Das Charger 3 hat über dem Gepäckträger einen Spanngurt (Abb. 23.9).

Wenn man ohne Gepäck unterwegs ist und vergisst, den Spanngurt abzunehmen oder stramm einzuhängen, dann baumelt er am Rad und gerät mit hoher Wahrscheinlichkeit in die Speichen oder den Antriebsriemen – ein Sicherheitsrisiko. Die *Usability* des Gurts lässt ebenfalls zu wünschen übrig: Beim Einstellen der Länge muss die querliegende Plastikspange (Haken rechts und links) bewegt werden, wenn der Gurt fester oder lockerer sein soll. Dies geht leider nicht durch Ziehen der Spange nach vorn oder hinten. Man muss den Teil des Gurtes, der nicht benötigt wird, (fester) durch die Spange schieben. Der größte Nachteil des Systems ist die Befestigung der Riemen. Wie Abb. 23.9 zeigt, enthält die Spange mit dem Haken zwei Öffnungen. Die Riemen verfügen über Wülste. Die Wülste müssen in den breiten Teil der Öffnung gedrückt und dann in den schmalen Teil der Öffnung geschoben werden. Damit der Gurt das Gepäck

Abb. 23.9 Spanngurtbefestigung am Charger 3. In der Spange sind zwei Riemen mit Wülsten eingelassen. Rechts hat sich der Riemen gelöst

hält, müssen die Wülste dick genug sein und so gerade eben durch die Öffnung passen, sodass sie im schmalen Teil viel halten. Dieses technische Erfordernis macht es dem Menschen sehr schwer, die Riemen zu befestigen. Der Vorgang ist extrem belastend für die Finger.

Auf der Suche nach Alternativen wurden noch drei weitere Spanngurttypen ausprobiert. Zunächst die ganz preiswerten aus dem Baumarkt mit Metallhaken. Auch hier verhakten sich die Gurte unmittelbar, nachdem man vergessen hatte, sie zu verstauen (Abb. 23.10).

Eine etwas bessere Variante sind die Spanngurte mit den kleinen Doppelhaken oder die mit Zungenverschluss (Abb. 23.11). Das unerwünschte Verhaken im Hinterrad fand zwar auch statt, aber seltener.

Das Rad der eBM hat einen klassischen Gepäckträger. Dieser ist viel zu klein und zu wenig gespannt. Selbst ein wenig bepackter Rucksack mit Tragegriff, durch den man die Klammer des Gepäckträgers schieben kann, fällt regelmäßig raus.

Eine gute Option gegen dieses Herausrutschen eines Rucksacks, die auch ohne Spanngurte auskommt, ist die Fahrradtasche als *Side Case*. Zwei identische Taschen hängen rechts und links vom Hinterrad (Abb. 23.12).

Die Greenlands überzeugen durch einen sehr niedrigen Preis. Die Haberland-Taschen kosten dagegen 99 € (Doppeltasche „eMotion", 2-mal 14 L Volumen).

Beide Modelle haben einen abgerundeten Verlauf vorne, sodass auch große Füße nicht mit den Fersen anstoßen. Die Greenlands haben an jeder Seite *Buckle*-Verschlüsse, die Haberland-Taschen je zwei Zungenverschlüsse. Die Haberland-Taschen verfügen hinten über Netze, in die Flaschen eingelassen werden können. Die Nutzung dieser Netze als Alternative zum Transport von Flüssigkeiten in den Taschen beugt der unangenehmen Situation vor, dass die Inhalte der Taschen durch

23 Zubehör
143

Abb. 23.10 Spanngurt aus dem Baumarkt

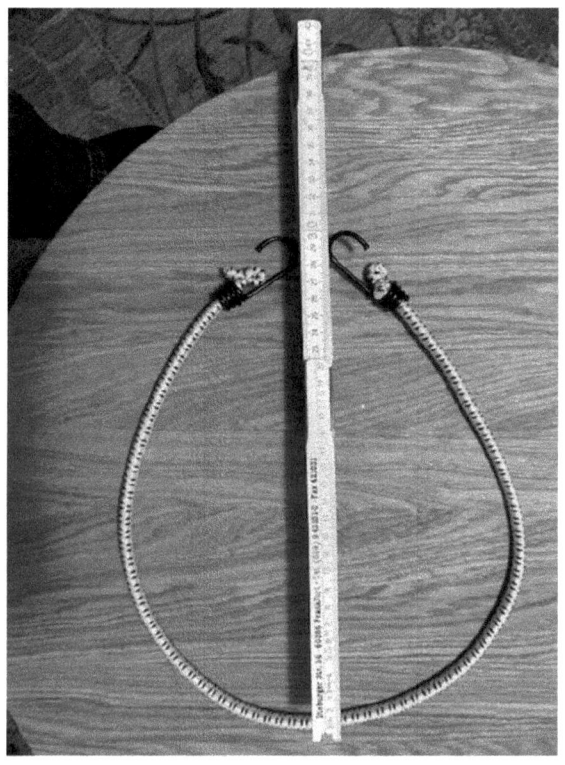

auslaufende Flüssigkeit beschädigt werden. In einer der Haberland-Seitentaschen befindet sich ein herausnehmbarer *Organizer* für Geldkarten, Kugelschreiber etc. Ein Reißverschlussfach oben bietet sichere und schnell verfügbare Unterbringung von z. B. Bahntickets. Es gibt ein passendes *Top Case*, das mit Klettverschlüssen und Zungenverschlüssen sicher an den *Side Cases* befestigt werden kann. Das *Top Case* hat wie die *Side Cases* kleine Reißverschlussfächer an den Seiten. Im *Top Case* sollte man alles unterbringen, was man während der Fahrt benötigt, z. B. Fahrscheine, denn an die Side Cases kommt man nur noch heran, wenn man das *Top Case* abnimmt. Das *Top Case* kostet 49 €, die beiden *Side Cases* zusammen 99 €. Die Taschen konnten auf der Fahrt nach Chemnitz (s. Tourenteil im elektronischen Zusatzmaterial) ausgiebig von Vp01 getestet werden (Abb. 23.13).

Die Haberland-Gepäckträgertaschen wurden zusammen mit dem eBM-Bike gestohlen. Es war kein Problem, die gleichen Taschen in etwas modernerer Ausführung für 60 € nachzukaufen und mit dem noch vorhandenen *Top Case* zu kombinieren. Auch diese Taschen mussten entsorgt werden, weil nach nur zwei Jahren allerdings exzessiven Gebrauchs die Rückwand der einen Tasche ausgerissen war (Abb. 23.14).

Abb. 23.11 Spanngurte mit Zungenverschluss von ROK, eigentlich für Motorräder

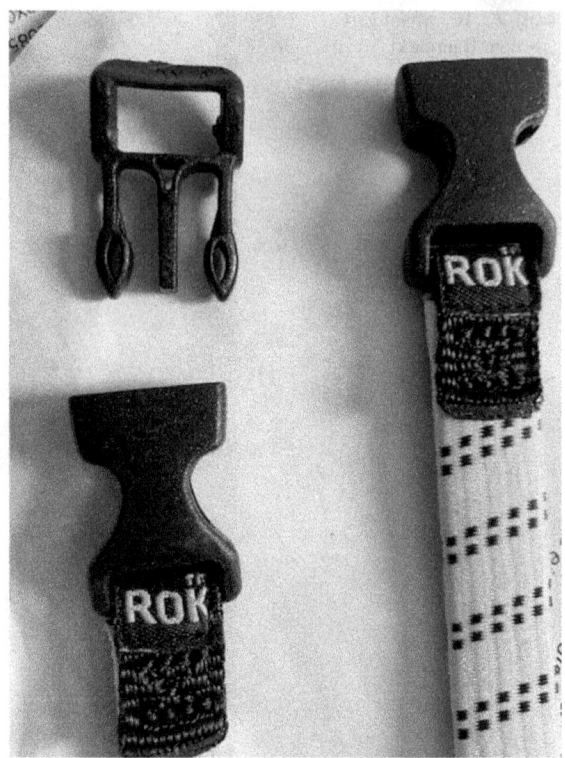

Ein Rucksack in ähnlicher Optik wie die Haberland-Taschen zeigt Abb. 23.15. Die Haken zur Befestigung am Gepäckträger werden beim Tragen als Rucksack von einem dicken Stück Stoff abgedeckt, sodass sie nicht am Rücken scheuern. Insgesamt eine schöne Kombilösung, allerdings müssen die Trageriemen gut verstaut werden, damit sie nicht in die Speichen oder den Antrieb geraten.

Zu guter Letzt wurde eine Ceviss-Seitentasche mit Schnellhalterungssystem von Vp01 getestet (Abb. 23.16). Sie ist schnell angebracht und noch schneller mit nur einem Ruck am Griff abzunehmen. Die Befestigung unten ist viel leichter zu handhaben als die in Abb. 23.13.

Wenn das Fahrrad mit Tasche(n) geparkt wird, dann müssen die Taschen gesichert werden. Dafür eignen sich Ketten- oder Kabelschlösser (Beispiel in Abb. 23.17).

Abb. 23.12 Die getesteten Seitentaschen von Greenlands (oben) und Haberland (unten)

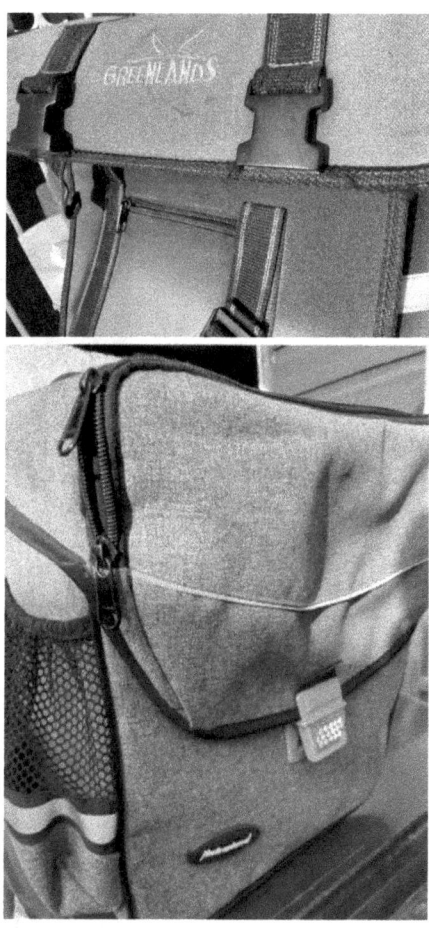

Abb. 23.13 Rückseitig befinden sich Kunststoffhaken an den Haberlandtaschen, die auf einer Schiene so geschoben werden können, dass sie den Fahrradrahmen greifen. Insbesondere beim Aufbocken des Rades wird so ein Abrutschen der Seitentaschen verhindert

Abb. 23.14 Im Laufe der Studie eingetretene Beschädigungen an den Haberland-Taschen. Der innere Rahmen ist mit Nieten am Stoff der Taschen befestigt und bricht an diesen Stellen leicht

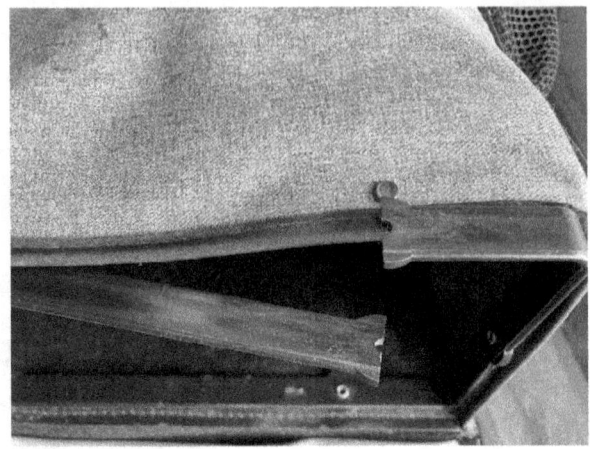

Abb. 23.15 Rucksack mit Schnellhalterungssystem (Ansicht von hinten)

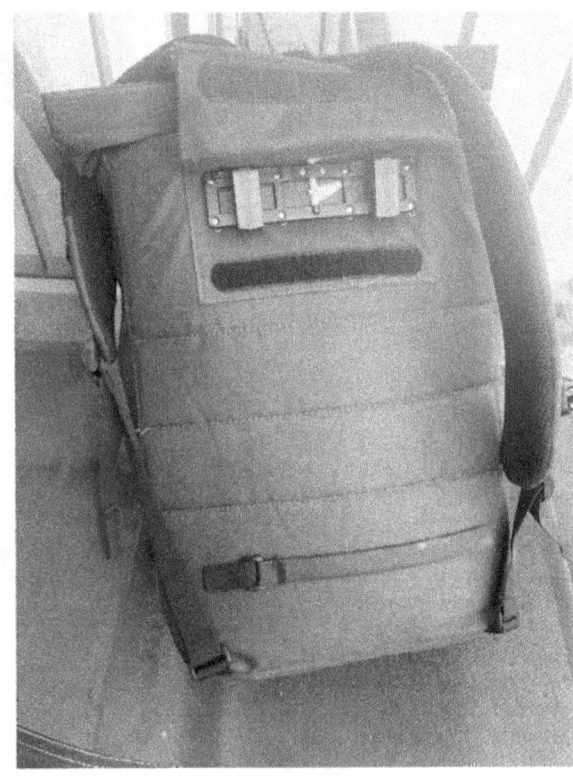

Abb. 23.16 Ceviss-Seitentasche mit Schnellhalterungssystem (Ansicht von hinten). Sie hat ein Fassungsvermögen von 25 L

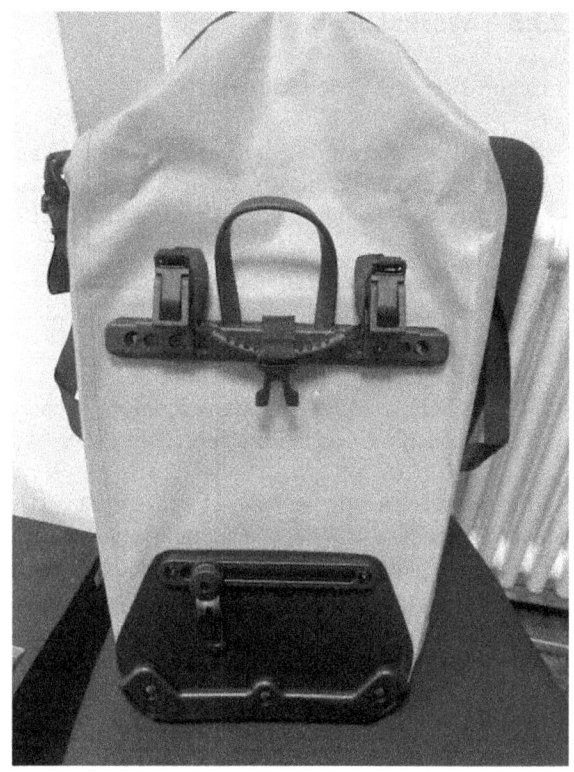

Abb. 23.17 Haberland-Seitentaschen mit Kette gesichert

23.5 Werkzeug

Joachim Vogt and Ulrich Klingler

Jedes der Testräder wurde mit einer Luftpumpe und einem Werkzeugset ausgestattet. Luftpumpen und Werkzeugsets waren allesamt kompakt, aber unterschiedlich nützlich.

Das robuste Kombitool von Westcott (Abb. 23.18) bietet:

- Kombizange (zum Greifen und Schneiden)
- Säge
- Haken
- Messer
- 4 Bits: Schlitzschraube, Kreuzschraube, Innensechskant- oder Inbus-Schraube, Innensechsrund – oder Torx-Schraube

Für die Verwendung am Fahrrad ist das Westcott-Tool nur bedingt geeignet. Es hat keinen Reifenmontierhebel und nur eine Inbus- sowie eine Torx-Größe sind zu wenig.

Für einen platten Reifen gut gerüstet ist dagegen das in Abb. 23.19 gezeigte Tool eines unbekannten Herstellenden. Es hat gleich zwei Mantelheber, die als abnehmbare Seitenteile verbaut sind.

Abb. 23.19 zeigt das Tool eines unbekannten Herstellenden. Es hat:

- 1 Schlitz- und 1 Kreuzschraubendreher
- 6 Innensechskant- oder Inbus-Schraubenschlüssel
- 1 Innensechsrund – oder Torx-Schraubendreher
- 2 Reifenmontierhebel

Von den drei getesteten Kombinationswerkzeugen hat das des unbekannten Herstellenden die besten Wertungen erhalten. Insbesondere die beiden Reifenmontierhebel sind nützlich, wenn man bzw. frau unterwegs einen Platten hat.

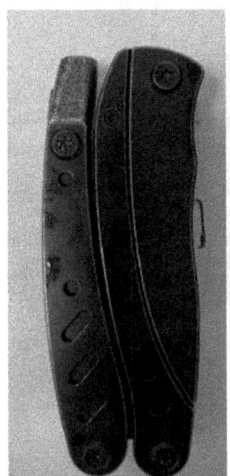
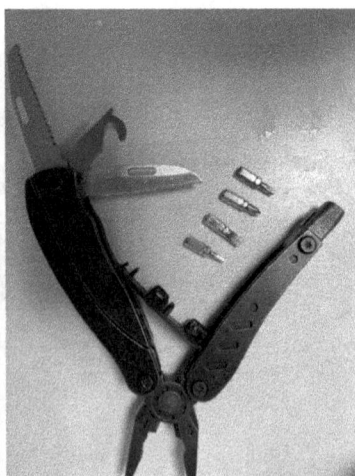

Abb. 23.18 Kombitool von Westcott

23 Zubehör

Abb. 23.19 Tool eines unbekannten Herstellenden

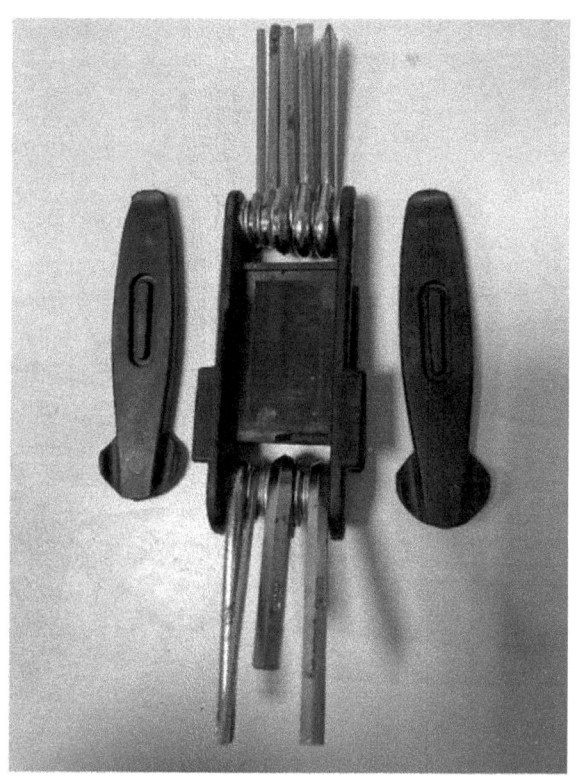

Fazit: Keines der Kombinationswerkzeuge erfüllte auch nur annähernd alle Funktionen, die bei einem durchschnittlichen Fahrrad erforderlich sind. Unsere Empfehlung ist daher, ein großes Schuletui oder Schlampermäppchen mit folgenden Werkzeugen zu füllen (Abb. 23.20):

Inbusschlüssel	2; 2,5; 3; 4; 5; 6; 8 mm
Gabel-/Maulschlüssel	8 und 9; 10 und 11; 12 und 13; 14 und 15 mm
Steckschlüssel	14 mm
Reifenmontierhebel	2 Stück
Kombizange und/oder	1 Stück oder
Wasserpumpenzange	1 Stück alternativ
Schraubendreher Schlitz	Klein und mittel
Schraubendreher Kreuz	Klein und mittel
Speichennippelspanner	1 Stück
Multiwerkzeug inkl. Kettennieter	1 Stück

Außer dieser Werkzeugtasche wird empfohlen, einen Ersatzschlauch und eine Luftpumpe (Abb. 23.21) sowie Flickzeug und Ventil mitzuführen. Außerdem einen Bremsschuhsatz, einen Bremsinnenzug, eine Bremszugklemmschraube. Muttern für

Abb. 23.20 Bordwerkzeug. Unten: Tasche für das Bordwerkzeug

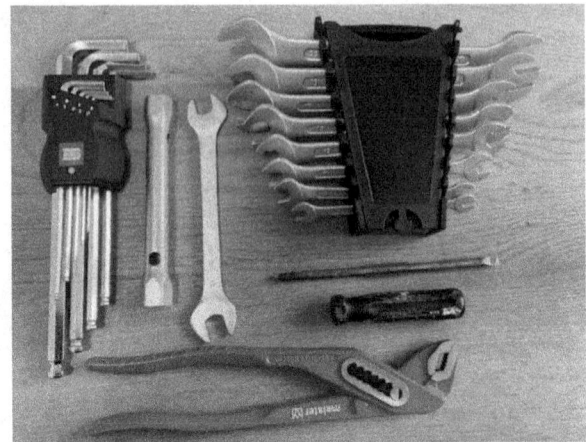

Abb. 23.21 Testsiegerpumpe von Fischer mit 2 Reifenmontierhebeln und Flickzeug im Griff

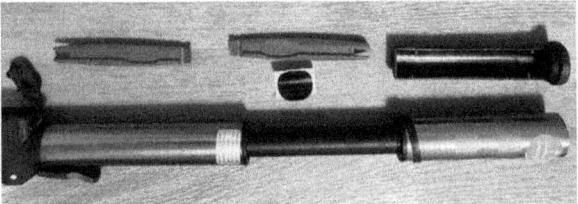

Vorder- und Hinterrad. Auch Lichtkabel, Ersatzglühlampen oder komplette Klemmleuchten weiß für vorne und rot für hinten sollte man bzw. frau in der Dämmerung und in der Nacht dabeihaben. Ein Kettennietglied und ein Kettenverschlussglied sind notwendig, wenn die Kette reißt oder abspringt, weil sie zu lang ist. Kabelbinder und Isolierband können verschiedene Pannen beheben. Mit Einwegfeuchttüchern kann man sich nach der Reparatur die Hände säubern.

23.6 Luftpumpen

Joachim Vogt

Es wurden folgende Luftpumpen getestet, die alle am Rahmen eines jeden Fahrrads angebracht werden konnten. Alle hatten Aufsätze für französische Ventile (auch Sclaverand- oder Presta-Ventile genannt), Autoventile (auch als Schrader-Ventile bezeichnet) und Dunlop- oder Blitz-Ventile.

FISCHER Modell 50073: Die Pumpe ist ausgezogen 38 cm lang und zusammengeschoben 28 cm. Es befindet sich – sehr nützlich – Flickzeug im Griff, inkl. 2 Reifenmontierhebel. Die Pumpe besteht im Wesentlichen aus Metall und die Verarbeitung ist sehr solide.

Prophete Keep Moving: Die Pumpe ist mit 23 cm sehr kompakt und an verschiedenen Stellen anschraubbar. Eine einfache Halterung ist im Lieferumfang enthalten. Die Pumpe ist auf 45 cm ausziehbar. Wird der Griff um 90° geklappt, kann man ihn wie einen Korkenzieher in die Hand nehmen. Der Schließmechanismus um das Ventil funktioniert wie bei den meisten anderen Pumpen durch Wegklappen des Hebels von der Pumpe. Nach dem Zusammenschieben wird der „Korkenzieher" wieder eingeklappt und arretiert die Rohre, die ausgezogen werden können. Ein Gummideckel verschließt die Öffnungen für die Ventile und schützt vor Nässe sowie Schmutz.

Die Pumpe von TCM brachte es auf 21–42 cm Länge. Wie *Prophete Keep Moving* ist die TCM-Pumpe mit einem um 90° klappbaren Griff versehen, den man wie einen Korkenzieher in die Hand nehmen kann.

Alle Pumpen waren brauchbar, die aus Metall am ehesten. Unsere Testsieger waren die beiden Pumpen aus Metall mit Flickzeug und Schlauchabhebern im Griff (Abb. 23.21).

23.7 Navigation und Handy

Joachim Vogt

Vertrauen Sie niemals allein Ihrem technischen Navigationssystem, lassen Sie immer auch Ihr biologisches mitlaufen!

Auf unseren Touren ist es sehr oft vorgekommen, dass Wege vor dauerhaft geschlossenen Schranken, Holzstapeln, Bächen oder gar Flüssen endeten, über die es weit und breit keine Furt oder Brücke gab. Auch kam es vor, dass Wald- und Wiesenwege so schlecht waren, dass man nur schieben konnte. Schließlich werden oft Umwege vom Navi vorgeschlagen. Der gesunde Menschenverstand dachte in der Rückschau: „das hätte ich ahnen können". Oft finden die Routenplaner keine Fahrradroute. In dem Fall geben Sie sich im Navigationssystem als Fußgänger aus. Viele Fußwege sind für Radelnde frei und – sofern sie nicht lange und steile Treppen oder Anstiege beinhalten – funktionieren für uns Radfahrende gut.

Außerdem waren die Ansagen des technischen Navigationssystems häufig uneindeutig oder unpraktikabel: Die Instruktion „nach Westen abbiegen" z. B. ist schwer umzu-

Abb. 23.22 Eine der getesteten Handyhalterungen

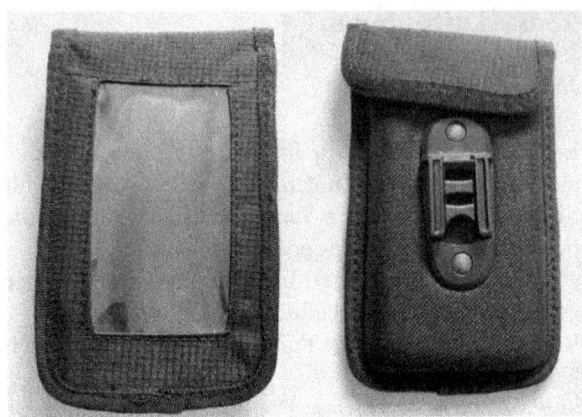

setzen, wenn kein Kompass vorhanden und die Sonne nicht zu sehen ist. „In die Gräfenhäuser Straße einbiegen" ist ebenfalls wenig hilfreich, wenn es keine Straßenschilder an der Ecke gibt. Die häufigsten Angaben „nach rechts, nach links abbiegen" sind dagegen eindeutig und leicht. Man fragt sich, warum die Herstellenden sie nicht immer benutzen.

Es gibt eine Vielzahl von Handyhalterungen in allen Farben und Formen. Erstaunlich ist, wie schlecht sie alle sind. Keine hat uns in puncto Montage, Bedienung, Handhabung und Haltbarkeit überzeugt.

Die Befestigungen sind schwer zu montieren. Sie befinden sich innerhalb des Bewegungsbereiches des Lenkers und seiner Bedienelemente. Die Plastikabdeckungen der Handyhalterungen erlauben keinen *Touch-Input*. Auf der Höhe des *Home-Buttons* kann ein Loch in die Folie geschnitten werden, sodass das Handy wenigstens mit Daumenabdruck geöffnet werden kann. Es wäre sehr wünschenswert, dass die Herstellenden serienmäßig eine optimal an das Rad angepasste Halterung mitliefern. Gleiches gilt für eine USB-Ladebuchse. Handyhalterungen gibt es z. B. von Motor Wolf, Bluetooth- und USB-Schnittstellen sind als Zubehör (etwa Fahrradlampen) von z. B. arktis lieferbar oder in den Lenkern von z. B. Focus Bikes verbaut (Abb. 23.22).

Bike & Bahn

Joachim Vogt

Bei längeren Strecken lohnt sich die Kombination von Bike & Bahn. Dabei ist es empfehlenswert, vorab die Verfügbarkeit von Radinfrastruktur in den Zügen und an den Bahnhöfen zu prüfen. Fernverkehrszüge der Deutschen Bahn können nur mit reserviertem Fahrradstellplatz benutzt werden. Es ist ein Ticket für das Rad von aktuell 4,50 € bei einfacher Fahrt zu lösen. In Nahverkehrszügen dürfen Fahrräder teilweise umsonst mitfahren (z. B. in Hessen), in anderen Bundesländern ist auch im Nahverkehr ein Fahrradticket zu lösen. In den Hauptreisezeiten (werktags 6–9 Uhr und 16–19 Uhr) kommt es vor, dass kein Platz für Fahrräder ist. Viele Verkehrsverbünde sperren daher von vornherein diese Zeiten für Räder.

Auf der Seite:
Barrierefreies Reisen – eurobahn
kann vorab geprüft werden, ob ein barrierefreier Zugang zum Gleis besteht.
Auch die Deutsche Bahn bietet so einen Service, z. B.:
Aufzüge – Frankfurt (Main) Hbf. (bahnhof.de).
Hier können Sie vor Ihrer Reise nachschauen, ob Aufzüge vorhanden und in Betrieb sind.

Pedelecs in der Bahn mitzuführen ist erlaubt, aber wegen des im Vergleich zum herkömmlichen Rad höheren Gewichts schwierig. Viele Aufzüge sind zu kurz für ein Pedelec. Im hessischen Langen z. B. ist der Aufzug 135 cm lang und 110 cm breit. Nach viel Versuch und Irrtum konnten die entscheidenden Zentimeter gewonnen und alle Testräder in diesen Aufzügen transportiert werden. Eine Möglichkeit ist, das Rad auf das Hinterrad zu stellen und mit der gezogenen Hinterradbremse in dieser Position zu halten. Das Charger 3 mit seinen knapp 30 kg war von allen Testrädern in Aufzügen am schwersten zu handhaben. Hinzu kommt, dass der

---

J. Vogt (✉)
FAI, TU Darmstadt, Darmstadt, Deutschland
E-Mail: joachim.vogt@tu-darmstadt.de

Abb. 24.1 Voll eingeschlagener Lenker des Charger 3 im Aufzug

Lenker nur um 90° eingeschlagen werden kann. Die wenigen, aber entscheidenden Zentimeter konnten gewonnen werden durch volles Einschlagen des Lenkers und Schrägstellung des Vorderrades in den Türrahmen des Aufzugs (Abb. 24.1). Die anderen Räder waren aufgrund ihres geringeren Gewichts, ihrer kleineren Länge und/oder ihres höheren maximalen Lenkwinkels etwas besser transportierbar.

Falls Aufzüge und Rampen nicht verfügbar sind, können die Schienen für Rollstuhlfahrer (Abb. 24.2) oder Regenabfluss (z. B. Bahnhof Offenbach) benutzt werden. Es sollte die Schiene benutzt werden, die weiter weg ist vom Handlauf (beim Aufstieg in Abb. 24.2 also die linke Rinne). Dadurch vermeidet man das Hängenbleiben der Pedale. Auch hier war das schwere Charger 3 am schwersten zu schieben.

Auf längeren Bahnstrecken sollten Sie Ihr Rad im Fahrradabteil anketten (s. Abb. 24.3, Abb. 24.4).

Unser Fazit ist, dass der Transport eines Rades, auch eines Pedelecs, meistens gut funktioniert in der Bahn bei entsprechender Planung (z. B. Bahnhof auf Fahrradfreundlichkeit prüfen). Bei kurzen Entfernungen von Wohnung zum Bahnhof und vom Bahnhof zum Arbeitsplatz ist ein konventionelles Fahrrad die bessere Alternative. Während man bzw. frau in S-Bahnen und Regionalzügen fast immer einen Platz für Fahrräder bekommt, sind die Stellräume in IC- und ICE-Zügen deutlich ausbaufähig.

24 Bike & Bahn

Abb. 24.2 Schienen am Bahnhof in Langen, Hessen

Abb. 24.3 Fahrrad im Regionalzug mit Kabelschloss vor Diebstahl gesichert

Abb. 24.4 Fahrrad vor dem Umkippen gesichert mit einem einfachen, an den Zug befestigten Gurt mit Schnallenverschluss

Allgemeine Streckentipps und ausgewählte Radtouren

25

Joachim Vogt

Im elektronischen Zusatzmaterial finden Sie ausgewählte Radtouren, die sich im Schwierigkeitsgrad unterscheiden. Folgende Stufen gibt die Broschüre „Radtouren, Veranstaltungen, Informationen" des adfc Dreieich, Langen/Egelsbach, Neu-Isenburg für Radtouren an:

- Kinderleicht, bis 30 km im Flachland
- Leicht, bis 50 km im Flachland
- Geübt, bis 80 km, auch mal hügelig, Ausdauer erforderlich
- Trainiert, bis 110 km, bisweilen hügelig, nur für Geübte
- Sportlich, bis 150 km, große Höhenunterschiede, zügige Fahrweise
- Bergziege, bis 250 km Steigungsetappen von 10 km, alpine Höhenunterschiede, zügige Fahrweise

Bei den *Riese & Müller*-Rädern gibt es motorseits eine Ähnlichkeit:

- Eco (geringste Motorunterstützung)
- Tour
- Sport
- Turbo (stärkste Motorunterstützung)

J. Vogt (✉)
FAI, TU Darmstadt, Darmstadt, Deutschland
E-Mail: joachim.vogt@tu-darmstadt.de

Diese Skala ist nicht ganz logisch, wenn man bedenkt, dass beim Sport der Motor mehr Leistung bringt und die Fahrenden weniger (also weniger sportlich unterwegs sind). Die geringste Motorunterstützung ist eigentlich die sportlichste Variante.

Mit einem Drehgriff am rechten Lenker des Charger 3 kann man die Übersetzung anpassen. Bildlich dargestellt wird eine Figur auf einem Rad. Diese NuVinci-Figur fährt auf gerader Strecke, im hügeligen Gelände oder im bergigen Gelände. Durch Drehen des rechten Lenkergriffrings mit Daumen und Zeigefinger lässt sich die Übersetzung zwischen kleinstem (Ebene) und höchstem Gang (Berggang) verschieben. Zwischen diesen drei Stufen bewegt sich der sogenannte NuVinci-Code und findet eine Entsprechung in den o. g. Stufen:

- Flachland (gerade Strecke)
- Mittelgebirge (z. B. Taunus)
- Hochgebirge (alpin, z. B. Alpen)

Halten Sie sich möglichst (sofern es keinen Gegenverkehr gibt) in der Mitte der Spur bzw. des Weges. Schlaglöcher und Spurrillen von vierrädrigen Fahrzeugen sind meist ganz außen.

Bei Dunkelfahrten ist es weitsichtig, eine zweite Lampe dabeizuhaben. Sollte die Hauptlampe ausfallen, kann die Fahrt mit dem Ersatz fortgesetzt werden. Auch zum Ausleuchten des Weges oder seiner Ränder kann eine zusätzliche Lampe nützlich sein und Unfälle wie dem in Abb. 18.1 beschriebenen vermeiden.

Weichen Sie jedem Schlagloch und jeder Unebenheit aus, wenn keine anderen Verkehrsteilnehmenden in der Nähe sind; man weiß nie, wie die Vorderradaufhängung, insbesondere, wenn sie gefedert ist, auf die Unebenheit reagiert.

Unterlassen Sie Querfeldeinfahrten; man stößt mit hoher Wahrscheinlichkeit auf ein unüberwindbares Hindernis wie einen Bach, eine Autobahn oder eine Bahnstrecke ohne Brücke oder Furt. Auch umfriedete Grundstücke können im Wege stehen. Außerdem hilft es den Biotopen, Tieren und Pflanzen, wenn man bzw. frau auf den Wegen bleibt.

Mit den oben beschriebenen Testrädern wurden insgesamt über 10.000 km gefahren. Auf ausgewählten Strecken wurden Fotos aufgenommen. Eine Auswahl findet sich im elektronischen Zusatzmaterial zu diesem Buch unter der gleichlautenden Überschrift „Allgemeine Streckentipps und ausgewählte Radtouren".

Die mit Abstand meisten Kilometer wurden naturgemäß in Hessen zurückgelegt, weil fast alle Proband*innen in diesem schönen Bundesland wohnen. Insbesondere zwischen Darmstadt und Frankfurt, aber auch im Odenwald, Taunus und Rheingau wurde gefahren. Außerhalb Hessens waren Strecken im Sauerland, in Rheinland-Pfalz und Sachsen Gegenstand der Studie. Das Zusatzmaterial beginnt mit Gebieten in nord-südlicher Richtung, später kommen einige im Osten und Westen hinzu. Weitere Strecken finden sich auf den einschlägigen Internetseiten wie z. B. Radroutenplaner.de, Radwege in Deutschland, Radtouren Atlas, Fahrradreisen.de, Fahrrad-Routenplan.de oder Radroutenplaner Hessen (s. Quellenverzeichnis).

Das Wichtigste zum Schluss: Respekt, Verständnis, Coolness

Joachim Vogt

Hupen, Schimpfgesten und -worte bewirken das genaue Gegenteil dessen, was die bzw. der Sendende intendiert: Anstatt das von der oder dem Sendenden kritisierte Verhalten aufzugeben, wird der oder die Empfangende es in einer Trotzreaktion steigern. Die in Kap. 15 beschriebenen und viele ähnlich missglückte Interaktionen zeigen, dass ein respektvoller, achtsamer und verständnisvoller Umgang aller Verkehrsteilnehmenden miteinander ein absolutes Muss ist. Dabei kommt es darauf an, seinen Ärger kontrolliert an die auslösende Person zurückzumelden. Viele Studien zeigen, dass der kontrollierte Ärgerausdruck für unseren Blutdruck am besten ist. Sowohl das Herausschreien (*Anger Out*) wie auch das Herunterschlucken (*Anger In*) hängen zusammen mit zu hohem Blutdruck. Überraschend dabei: Herunterschlucken ist noch schlimmer als Herauslassen. Bezogen auf die anderen und die Beziehung zu ihnen kann das Herunterschlucken besser als das Herausschreien sein. Am besten jedoch ist die kontrollierte Rückmeldung an die auslösende Person.

Wie kann das gelingen?

Zuerst müssen wir unsere eigene Aufregung in den Griff bekommen. Akut hilft ein tiefes Einatmen und langes Ausatmen, bei dem die Schultern fallen gelassen werden (Vogt et al. 1999). Durch das tiefe Ausatmen wird der Herzschlag über die Dämpfung des Sympathikus und Aktivierung des Parasympathikus beruhigt (s. Kap. 15). Die Ausschüttung von Adrenalin wird reduziert. Der Gedanke „Schultern ganz schwer, ich bin ganz ruhig" unterstützt die körperliche Beruhigung.

Sind wir auf diese Weise „gechilled", schaffen wir es, unseren Ärger sachlich, situations- und verhaltensgerecht zu kommunizieren. Situations- und verhaltensgerecht heißt: Die mich ärgernde Person hat sich in dieser speziellen Situation so verhalten. Wir unterstellen ihr nicht, dass sie immer ein Verkehrsrowdy sei. Wenn wir das tun würden, also signalisieren würden, dass das kritisierte Verhalten stabil

---

J. Vogt (✉)
FAI, TU Darmstadt, Darmstadt, Deutschland
E-Mail: joachim.vogt@tu-darmstadt.de

und allein der Person zuzuschreiben ist, dann hätte diese keine guten Chancen es abzustellen, denn unsere Gewohnheiten, insbesondere die schlechten, sind sehr stabil. Das kritisierte Verhalten in einer bestimmten Situation kann dagegen leichter geändert werden, wenn es nicht in der Person liegt.

Ist die Rückmeldung auf diese Weise erfolgt, hat die ärgerauslösende Person Gelegenheit, sich z. B. zu entschuldigen. In jedem Fall ist die Situation deeskaliert, beide Personen gehen ohne negative Nachwirkungen und persönlich weiterentwickelt aus ihr hervor.

Literatur

adfc – Allgemeiner Deutscher Fahrrad-Club (2020). *Qualitätsanforderungen für Radwegenetze. Leitfaden für Kommunen und Aktive.* www.adfc.de

adfc (2020, 2021). *Fahrradklima-Test 2020* https://fahrradklima-test.adfc.de/ergebnisse/

adfc Dreieich, Langen/Egelsbach, Neu-Isenburg. (2024). *Radtouren, Veranstaltungen, Informationen.* https://touren-termine.adfc.de/suche?unitKey=16011202

adfc Hessen und Thüringen (n.d.). *Linksfahren ein Kavaliersdelikt?* Frankfurt am Main: adfc Hessen und Thüringen.

adfc Mecklenburg-Vorpommern e.V. in Kooperation mit dem Fachausschuss Radverkehr von adfc und SRL. (2010). *Den Radverkehr fördern: Bessere Bedingungen zum Radfahren in ländlichen Räumen, in Kleinstädten und Dörfern.* https://repository.difu.de/jspui/bitstream/difu/186012/1/ds0058.pdf

Agora Verkehrswende (2020). *Städte in Bewegung – Zahlen, Daten, Fakten zur Mobilität in 35 deutschen Städten.* www.agora-verkehrswende.de

ARL – Akademie für Raumentwicklung in der Leibniz-Gemeinschaft (2023). *Mobilität, Erreichbarkeit und soziale Teilhabe – für eine gerechtere Raum- und Verkehrsentwicklung. Positionspapier aus der ARL 144.* URN: https://nbn-resolving.org/urn:nbn:de:0156-01448

Bauer, K., Schick, S., Wagner, A., Zhou, K., Peldschus, S. & Malczyk, A. (2015). *Untersuchungen zur Schutzwirkung des Fahrradhelms. Forschungsbericht Nr. 32.* Gesamtverband der Deutschen Versicherungswirtschaft e. V.

BGBl (2012). Produktsicherheitsgesetz vom 8. November 2011. *BGBl. I*, S. 2178, 2179; 2012 *I*, S. 131.

Birkmann, J. & Blätgen, T. (2018). Klimaanpassung. In ARL – Akademie für Raumforschung und Landesplanung (Hrsg.), *Handwörterbuch der Stadt- und Raumentwicklung.* Hannover: Verlag der ARL

BMDV – Bundesministerium für Digitales und Verkehr (2022). *Nationaler Radverkehrsplan 3.0.* bmdv.bund.de

BMWSB – Bundesministerium für Wohnen, Stadtentwicklung und Bauwesen (2023). *Faktenblätter zum deutschen Wohnungsmarkt 2023.* www.bmwsb.bund.de

Boltze, M., Menges, K., Huong, L. T., Linke, H.-J., & Dettweiler, M. (2021). *SHOTUP: Nachhaltige und gesundheitsorientierte Verkehrs- und Stadtplanung:* Schlussbericht Projekt SHOTUP 2021.

Bosch, R. GmbH (1987). *Kraftfahrtechnisches Taschenbuch* (20. Aufl.). VDI-Verlag.

Bramesfeld, E. (1926). *Psychotechnik als Lehrfach an der technischen Hochschule.* Schriften der Hessischen Hochschulen, 1926 (Sg 126a), 1926 H. 4. Psychotechnik als Lehrfach

Brey, R., Castillo-Manzano, J. I., Castro-Nuño, M., López-Valpuesta, L., Marchena-Gómez, M., & Sánchez-Braza, A. (2017). Is the widespread use of urban land for cycling promotion policies cost effective? A cost-benefit analysis of the case of Seville. *Land Use Policy, 63*, 130–139. https://doi.org/10.1016/j.landusepol.2017.01.007

Buhl, E. (2021). Urbane Mobilität im Wandel. In W. Siebenpfeiffer (Hrsg.), *Mobilität der Zukunft: Intermodale Verkehrskonzepte* (S. 103–122). Springer, Berlin, Heidelberg. https://doi.org/10.1007/978-3-662-61352-8

Clausen, H. & Trettin, L. (2003). *Förderung von Demonstrationsvorhaben im Umweltbereich: Mitnahmeeffekte und Finanzierungsoptionen*. RWI Materialien No. 1. Rheinisch-Westfälisches Institut für Wirtschaftsforschung (RWI), Essen

Cobb, D. P., Jashami, H., & Hurwitz, D. S. (2021). Bicyclists' behavioral and physiological responses to varying roadway conditions and bicycle infrastructure. *Transportation Research Part F: Traffic Psychology and Behaviour, 80*, 172–188. https://doi.org/10.1016/j.trf.2021.04.004

DESTATIS – Statistisches Bundesamt (2024). *Statistischer Bericht – Wanderungen 12711-14: Wanderungen nach kreisfreien Städten und Landkreisen*. www.destatis.de

Destatis Statistisches Bundesamt. (2021). *Unfallbilanz 2021: 150 Verkehrstote weniger als im Vorjahr. Zahl der Verletzten ist um 2 % gegenüber dem Vorjahr gesunken*. Zugriff am 21. Juli 2023 von https://www.destatis.de/DE/Presse/Pressemitteilungen/2022/02/PD22_076_46241.html

Destatis Statistisches Bundesamt. (2021). *Verkehrsunfälle: Kraftrad- und Fahrradunfälle im Straßenverkehr 2020* (Artikelnummer: 5462408-20700-4) [PDF].

Destatis Statistisches Bundesamt. (2022). *Unfälle und Verunglückte im Straßenbahnverkehr*. Zugriff am 21. Juli 2023 von https://www.destatis.de/DE/Themen/Gesellschaft-Umwelt/Verkehrsunfaelle/Tabellen/strassenbahnunfaelle.html

Deutscher Städtetag (2019). *Anpassungen an den Klimawandel in Städten – Forderungen, Hinweise und Anregungen*. www.staedtetag.de

DGUV Deutsche Gesetzliche Unfallversicherung e.V. (Hrsg.) (2025). *Pedelec 25 Fahrrad, Transportmittel – Elektromobilität*. https://publikationen.dguv.de/widgets/pdf/download/article/2956

DiGioia, J., Watkins, K. E., Xu, Y., Rodgers, M., & Guensler, R. (2017). Safety impacts of bicycle infrastructure: A critical review. *Journal of Safety Research, 61*, 105–119. https://doi.org/10.1016/j.jsr.2017.02.015

Dörre, K., Liebig, St., Lucht, K. & Sittel, J. (2023). Klasse gegen Klima? Transformationskonflikte in der Autoindustrie. *Berlin J Soziol 34*, 9–46. https://doi.org/10.1007/s11609-023-00514-z

DZ Hyp AG (2023). *Immobilienmarkt Deutschland 2023 | 2024*. www.pfandbrief.market

Emanuel, M. (2019). Making a bicycle city: Infrastructure and cycling in Copenhagen since 1880. *Urban History, 46*(3), 493–517. https://doi.org/10.1017/S0963926818000573

Emsbach, M., & Friedel, B. (1999). Unfälle älterer Kraftfahrer. *Zeitschrift für Gerontologie und Geriatrie, 32*, 318-325

Endsley, M. R., & Garland, D. J. (2000). Situation awareness analysis and measurement. In *CRC Press eBooks*. https://doi.org/10.1201/b12461

Esmaeilikia, M., Radun, I., Grzebieta, G., Olivier, J., (2019). Bicycle helmets and risky behaviour: A systematic review. Transportation Research Part F: Traffic Psychology and Behaviour, 60, 299–310. https://doi.org/10.1016/j.trf.2018.10.026

Fahrradreisen.de (n.d.). *Alle Radwege in Deutschland für Radtouren & Radreisen*. https://www.fahrradreisen.de/radwege/deutschland.htm

Fahrrad-Routenplan.de (n.d.). *Sange über Finnentrop*. https://fahrrad-routenplan.de/attendorn/sange-ueber-finnentrop.htm

Fisher, C. D., & To, M. L. (2012). Using experience sampling methodology in organizational behavior. *Journal of Organizational Behavior, 33*(7), 999–1010. https://doi.org/10.1002/job.1803

Fromme, K., Katz, E. & D'Amico, E. (1997). Effects of alcohol intoxication on the perceived consequences of risk taking. *Experimental and Clinical Psychopharmacology, 5(1)*, 14–23. https://doi.org/10.1037/1064-1297.5.1.14

Ganesch, F., Dütsch, M. & Struck, O. (2022). *Räumliche Mobilität am Arbeitsmarkt: Einfluss- und Erfolgsfaktoren*. Bamberg: Otto-Friedrich-Universität, doi: https://doi.org/10.20378/irb-54128

Gangl, K., Abstiens, K., Gsottbauer, E., Kirchler, E., Riener, G., Seifert, M., & Walter, A. (2022). Energiekrise – was tun? Verhaltenswissenschaftliche Empfehlungen. *IHS Policy Brief 10*, 20 p. irihs.ihs.ac.at

Gehl, J. (2018). *Städte für Menschen* (A. Wiethüchter, Übers.; 4. Auflage). Jovis.

Glaskin, M. (2012). *Fahrrad fahren*. Neulußheim: Delius Klasing Verlag.

Gminder, C. U. (2006). *Nachhaltigkeitsstrategien systemisch umsetzen*. DUV. https://doi.org/10.1007/978-3-8350-9055-2_7
Grant, S. A., Millar, K. & Kenny, G. N. (2000). Blood alcohol concentration and psychomotor effects. *British Journal of Anaesthesia, 85(3)*, 401–406. https://doi.org/10.1093/bja/85.3.401
Grechkin, T. Y., Chihak, B. J., Cremer, J. F., Kearney, J. K., & Plumert, J. M. (2013). Perceiving and acting on complex affordances: How children and adults bicycle across two lanes of opposing traffic. *Journal of Experimental Psychology: Human Perception and Performance, 39(1)*, 23–36. https://doi.org/10.1037/a0029716
Hampel, S., Kreuschner, M., Mühlnickel, L. L., & Richter, T. (2024). Neo-Mobilität in Zeiten der Verkehrs- und Energiewende. *Journal für Mobilität und Verkehr, 20*, 19–27. https://doi.org/10.34647/jmv.nr20.id136
Hardinghaus, M. (2021). *Exploring bikeability*. Humboldt-Universität zu Berlin. https://edoc.hu-berlin.de/handle/18452/24275
Hartung, B., & Adler, J. (2002). *Pedelecs aus rechtsmedizinischer Sicht*. Berlin: Erich Schmidt Verlag GmbH & Co. KG.
Hartung, B., Mindiashvili, N., Maatz, R., Schwender, H., Roth, E. H., Ritz-Timme, S., Moody, J., Malczyk, A. & Daldrup, T. (2015). Regarding the fitness to ride a bicycle under the acute influence of alcohol. *International Journal of Legal Medicine, 129(3)*, 471–480. https://doi.org/10.1007/s00414-014-1104-z
Haustein, S., & Møller, M. (2016a). Age and attitude: Changes in cycling patterns of different e-bike user segments. *International Journal of Sustainable Transportation, 10*(9), 836–846. https://doi.org/10.1080/15568318.2016.1162881
Haustein, S., & Møller, M. (2016b). E-bike safety: Individual-level factors and incident characteristics. *Journal of Transport & Health, 3*(3), 386–394. https://doi.org/10.1016/j.jth.2016.07.001.
Heinen, E., & Handy, S. (2012). Similarities in attitudes and norms and the effect on bicycle commuting: Evidence from the bicycle cities Davis and Delft. *International Journal of Sustainable Transportation, 6*(5), 257–281. https://doi.org/10.1080/15568318.2011.593695
Herresthal, A. (2011). *Geschichte und Entwicklung des Fahrrades*. VSF-Akademie.
Höchli, B., Brügger, A., Abegglen, R., & Messner, C. (2019). Using a goal theoretical perspective to reduce negative and promote positive spillover after a bike-to-work campaign. *Frontiers in Psychology, 10*, 433. https://doi.org/10.3389/fpsyg.2019.00433
Holz-Rau, Ch. (2018). Motorisierter Individualverkehr. In ARL – Akademie für Raumforschung und Landesplanung (Hrsg.), *Handwörterbuch der Stadt- und Raumentwicklung*. Hannover: Verlag der ARL
Huemer, A. K. (2018). Cycling under the influence of alcohol in Germany. *Transportation Research Part F: Traffic Psychology and Behaviour, 56*, 408–419. https://doi.org/10.1016/j.trf.2018.05.013
Hupfer, C. (2023). Safety and certainty in the design of roads. *Zeitschrift für Arbeitswissenschaft, 77(1)*, 39–44. https://link.springer.com/article/10.1007/s41449-022-00348-0
IPCC – Intergovernmental Panel on Climate Change (2023). *Climate Change 2023, Synthesis Report*. www.ipcc.ch
Jacobi, L. (2017). *Das Römerkastell Saalburg bei Homburg vor der Höhe*. Nachdruck der Ausgabe von 1897. Norderstedt: Hansebooks GmbH.
Jensen, S.U. & Hummer, C.H. (2002). *Sikre skoleveje. En undersøgelse af børns trafiksikkerhed og transportvaner*. Rapport 3. 2002. Danmarks TransportForskning. ISBN: 87-7327-065-2. 075733 18b698b04281acd64694a14a34 (1).pdf
Kaplan, S., Manca, F., Nielsen, T. A. S., & Prato, C. G. (2015). Intentions to use bike-sharing for holiday cycling: An application of the Theory of Planned Behavior. *Tourism Management, 47*, 34–46. https://doi.org/10.1016/j.tourman.2014.08.017
Klingler, U. (2022). GNOM Motorenfabrik, Wilhelm Seck, Oberursel. In Vogt, J. (Hrsg.) *Motorradkurzgeschichten aus Deutschland – 100 Jahre Technikpsychologie*. Stuttgart: Kohlhammer.
Langford, B. C., Chen, J., & Cherry, C. R. (2015). Risky riding: Naturalistic methods comparing safety behavior from conventional bicycle riders and electric bike riders. *Accident Analysis and Prevention, 82*, 220–226. https://doi.org/10.1016/j.aap.2015.05.016

Linderholm, L. (1984). *Signalreglerade korsningars funktion och olycksrisk för oskyddade trafikanter – cyklister.* Bulletin 55 / 3000. Lunds tekniska högskola, instutionen för teknik och samhälle, trafik och väg.

Lohmann, G., & Roelle, D. (2005). „Ich würde ja Rad fahren, aber ...!" – Veränderungen der Verkehrsmittelnutzung vor dem Hintergrund der ipsativen Handlungstheorie / „I would cycle, but ...!" Changes in mobility behaviour against the background of the ipsative theory of action. In A. Amini & W. A. Shaker (Hrsg.), *Duste Ajiebe man* (S. 1434–3304). Teheran: Neyestan. https://trid.trb.org/view/945672

Mannheim (n.D.). Mit dem Rad durch Mannheim I Stadtmarketing Mannheim...

Meir, A., & Dagan, B. (2020). Can young novice e-bike riders identify hazardous traffic situations? An exploratory study. *Travel Behaviour and Society, 21*, 90–100. https://doi.org/10.1016/j.tbs.2020.06.001

Menges, K. (2023). *Analyse stadt- und verkehrsplanerischer Einflüsse auf die Gesundheit. Eine vergleichende Untersuchung in Deutschland und Vietnam* [doctoral thesis Technische Universität Darmstadt]. doi: https://doi.org/10.26083/tuprints-00023051

Moneta, C. (2016a). *Der Vicus des römischen Kastells Saalburg.* Darmstadt: Wissenschaftliche Buchgesellschaft (wbg) Verlag Philipp von Zabern.

Moneta, C. (2016b). *Die Saalburgkastelle: Auswertung der Altgrabungen.* Darmstadt: Wissenschaftliche Buchgesellschaft (wbg) Verlag Philipp von Zabern.

Moreno, C. (2024). *Die 15-Minuten-Stadt – Ein Konzept für lebenswerte Städte.* Berlin: Alexander Verlag

Murphy, J. M. (2012). *Determinants of health outcomes in switching to electric bicycles* (Unpublished master's thesis). Resource Management and Environmental Studies, The University of British Columbia, Vancouver.

Myin-Germeys, I., Oorschot, M., Collip, D., Lataster, J., Delespaul, P., & Van Os, J. (2009). Experience sampling research in psychopathology: Opening the black box of daily life. *Psychological Medicine, 39*(9), 1533–1547. https://doi.org/10.1017/S0033291708004947

Nobis, C. (2019). Mobilität in Deutschland– MiD: Analysen zum Radverkehr und Fußverkehr. https://elib.dlr.de/133559/1/mid2017_analyse_zum_rad_und_fussverkehr.pdf

Petzoldt, T., Schleinitz, K., Heilmann, S., & Gehlert, T. (2017). Traffic conflicts and their contextual factors when riding conventional vs. electric bicycles. *Transportation Research Part F: Traffic Psychology and Behaviour, 46*, 477–490. https://doi.org/10.1016/j.trf.2016.06.010

Pfnür, A., Gauger, F., Bachtal, Y. & Wagner, B. (2021). Homeoffice im Interessenkonflikt. Ergebnisbericht einer empirischen Studie. In A. Pfnür (Hrsg.), *Arbeitspapiere zur immobilienwirtschaftlichen Forschung und Praxis, Band Nr. 41,* Technische Universität Darmstadt

Poser, G. (2020). *Die Menhiranlage zwischen Darmstadt und Roßdorf.* Gendi Verlag.

Pucher, J., Dill, J., & Handy, S. (2010). Infrastructure, programs, and policies to increase bicycling: An international review. *Preventive Medicine, 50*(Suppl 1), S106–S125. https://doi.org/10.1016/j.ypmed.2009.07.028

Radroutenplaner Baden-Württemberg. (n.d.). Radroutenplaner Baden-Württemberg – Routenplaner https://radroutenplaner-bw.de/

Radroutenplaner Deutschland. (n.d.). *Radroutenplaner Deutschland.* Radroutenplaner-Deutschland. https://www.radroutenplaner-deutschland.de/

Radroutenplaner Hessen. (n.d.). *Radroutenplaner Hessen.* https://radroutenplaner.hessen.de/touren-entdecken/page/2/

Radtouren Atlas. (n.d.). *Radwege Deutschland.* https://www.radtouren-atlas.de/radtouren/deutschland/

Radwege in Deutschland. (n.d.). *Radfernwege Deutschland.* https://www.radwege-in-deutschland.de/bikeline-radtourenbuch/-Radfernwege-Deutschland-978-3850000987.php

Radwege in Deutschland. (n.d.). *Radwanderatlas Deutschland.* Die attraktivsten Radtouren durch Deutschland. https://www.radwege-in-deutschland.de/bikeline-radtourenbuch/Radwanderatlas-Deutschland-978-3850001526.php

Radwege in Deutschland. (n.d.). *Radwanderatlas Deutschland*: Die 130 schönsten Tagesausflüge. Radwege-in-Deutschland.de. https://www.radtouren-atlas.de/radtouren/deutschland/

RAPEX Rapid Exchange of Information System (2009). 2001/95/EG. Entscheidung der Kommission 2010/15/EU.

Riediger, M. (2009). Experience sampling. (RatSWD Working Paper Series, 62). Berlin: Rat für Sozial- und Wirtschaftsdaten (RatSWD). https://nbn-resolving.org/urn:nbn:de:0168-ssoar-419927

Ritter, L., Stahl, J. & Linke, H.-J. (2023). Bürgerbeteiligung für eine erfolgreiche Verkehrswende. *Transforming Cities, 4,* 67-71

Rivara, F. P., Thompson, D. C., & Thompson, R. S. (1997). Epidemiology of bicycle injuries and risk factors for serious injuries. *Injury Prevention, 3,* 110–114. https://doi.org/10.1136/ip.3.2.110

Ruopp, J.-I., James, R., Oberauer, M., Lehmann, B., Zachert, H. & Linke, H.-J. (2024): Umplanung kommunaler Straßen im Sinne einer wassersensiblen Stadt. In: *Flächenmanagement und Bodenordnung 2_24,* S. 57–64

Schewe, G., Knoess, H.P., Schaeufele, A. & Schuster, R. (1984). Experimentelle Untersuchungen zur Frage der alkoholbedingten Fahruntüchtigkeit bei Fahrradfahrern. *Blutalkohol,* 97–109.

Schewe, G., Schuster, R., Englert, L., Ludwig, O. & Stertmann, W., A. (1980). Experimentelle Untersuchungen zur Frage der alkoholbedingten Fahruntüchtigkeit von Fahrrad- und Mofafahrern. *Blutalkohol,* 298–328.

Schiefelbusch, M. (2018). Öffentlicher Personennahverkehr. In ARL – Akademie für Raumforschung und Landesplanung (Hrsg.), *Handwörterbuch der Stadt- und Raumentwicklung.* Hannover: Verlag der ARL

Schleinitz, K., Petzoldt, T., & Gehlert, T. (2018). Risk compensation? The relationship between helmet use and cycling speed under naturalistic conditions. *Journal of Safety Research, 67,* 165–171. https://doi.org/10.1016/j.jsr.2018.10.006

Schleinitz, K., Petzoldt, T., Franke-Bartholdt, L., & Gehlert, T. (2016). Geschwindigkeit und kritische Ereignisse bei Rad- und Elektrofahrradfahrern verschiedener Altersgruppen. Workshop. *Zeitschrift für Verkehrssicherheit, 62,* 0044–3670. https://trid.trb.org/view/1423244

Schleinitz, K., Petzoldt, T., Franke-Bartholdt, L., Krems, J., & Gehlert, T. (2017). The German Naturalistic Cycling Study – Comparing cycling speed of riders of different e-bikes and conventional bicycles. *Safety Science, 92,* 290–297. https://doi.org/10.1016/j.ssci.2015.07.027

Schleinitz, K., Petzoldt, T., Kröling, S., Gehlert, T., & Mach, S. (2019). (E-)Cyclists running the red light – The influence of bicycle type and infrastructure characteristics on red light violations. *Accident Analysis and Prevention, 122,* 99–107. https://doi.org/10.1016/j.aap.2018.10.002

Schmidt, B., Kessler, L., Holroyd, C. B., & Miltner, W. H. R. (2019). Wearing a bike helmet leads to less cognitive control, revealed by lower frontal midline theta power and risk indifference. *Psychophysiology, 56*(12), e13458. https://doi.org/10.1111/psyp.13458

Schwedes, O. & Thomaier, S. (2020). Zusammen mit den Gewerbetreibenden für den Radverkehr – das Beispiel der Berliner Einkaufsstraße Schönhauser Allee. In T. Becker et al. (Hrsg.), *Handbuch der Kommunalen Verkehrsplanung, Loseblattsammlung, Ordnungsnummer 3.3.9.10.* Berlin & Offenbach.

Schwedes, O., & Rammert, A. (2020). *Mobilitätsmanagement: ein neues Handlungsfeld integrierter Verkehrsplanung..* Berlin: Springer-Verlag.

Short, J., Van Dender, K., & Crist, P. (2009). Transport Policy and Climate Change. In J. S. Cannon & D. Sperling (Hrsg.), *Reducing Climate Impacts in the Transportation Sector* (S. 35–48). Springer Netherlands. https://doi.org/10.1007/978-1-4020-6979-6

Silva, V., Jensen, O. B., Harder, H., & Overgaard Madsen, J. C. (2011). Bike infrastructures and design qualities: Enhancing cycling. *Danish Journal of Geoinformatics and Land Management, 46,* 105-4570.

Stiftung VVV. (2023). *Fahrraddenkmäler / Fahrraddenkmal.* Stiftung VVV. Abgerufen am 16. März 2023 von https://www.stiftung-vvv.de/

Stiftung Warentest. (2021). *S-Pedelec.* https://www.vergleich.org/s-pedelec

Tang, T., Guo, Y., Zhou, X., Labi, S., & Zhu, S. (2021). Understanding electric bike riders' intention to violate traffic rules and accident proneness in China. *Travel Behaviour and Society, 23,* 25–38. https://doi.org/10.1016/j.tbs.2020.10.010

Tin Tin, S., Woodward, A., Thornley, S., Langley, J., Rodgers, A., & Ameratunga, S. (2009). Cyclists' attitudes toward policies encouraging bicycle travel: Findings from the Taupo Bicycle Study in New Zealand. *Health Promotion International, 25*(1), 54–62. https://doi.org/10.1093/heapro/dap041

UBA – Umweltbundesamt (2011). *Leitkonzept – Stadt und Region der kurzen Wege*. www.umweltbundesamt.de

UBA – Umweltbundesamt (2023). *Dreifache Innenentwicklung – Definition, Aufgaben und Chancen für eine umweltorientierte Stadtentwicklung*. www.umweltbundesamt.de

Van Goeverden, K., & Godefrooij, T. (2011). *The Dutch Reference Study: Cases of interventions in bicycle infrastructure reviewed in the framework of Bikeability*. https://www.cycling-embassy.org.uk/sites/cycling-embassy.org.uk/files/documents/report%20dutch%20cases.pdf

Vlakveld, W. P., Twisk, D., Christoph, M., Boele, M., Sikkema, R., Remy, R., & Schwab, A. L. (2015). Speed choice and mental workload of elderly cyclists on e-bikes in simple and complex traffic situations: A field experiment. *Accident Analysis and Prevention, 74*, 97–106. https://doi.org/10.1016/j.aap.2014.10.018

Vogt, J. (Eds.). (2022). *Motorradgeschichten aus Deutschland – 100 Jahre Technikpsychologie*. Stuttgart: Kohlhammer.

Vogt, J., (2021). Where is the human got to go? Artificial intelligence, machine learning, big data, digitalisation, and human–robot interaction in Industry 4.0 and 5.0. *AI & SOCIETY*. https://doi.org/10.1007/s00146-020-01123-7

Vogt, J., Becher, L., & Kastner, M. (1999). *Kurzentspannung für den Arbeitsplatz* (CD mit Begleitheft). Band 1 der Reihe „Gesund leben und arbeiten" des Vereins zur Förderung des Umwelt-, Gesundheits- und Sicherheitsverhaltens FUGS e.V. Dortmund. Herdecke: MAORI.

Vogt, J., Keil, U., Cornel, C., Gerber, N. & Ferreira, Y. (Eds.). (2023). Psychotechnik, human factors, engineering psychology. Technikpsychologie – 100 years of interdisciplinary cooperation between engineering and human sciences. *Zeitschrift für Arbeitswissenschaft, 77*, 1–6. https://doi.org/10.1007/s41449-023-00353-x

Wahlgren, L. (2011). *Studies on bikeability in a metropolitan area using the active commuting route environment scale (ACRES)* (Örebro Studies in Sport Sciences, 13). Örebro: Örebro University.

Walter, J., Marquardt, T. (2014). Die Einstellung Jugendlicher zum Tragen eines Fahrradhelms – Ergebnisse einer Befragung Jugendlicher im Teenager-Alter. *Zeitschrift für Verkehrssicherheit, 60*(1), 28–31. Kirschbaum Verlag. https://trid.trb.org/view/1321556

Wang, C., Xu, C., Xia, J., & Qian, Z. (2018). The effects of safety knowledge and psychological factors on self-reported risky driving behaviors including group violations for e-bike riders in China. *Transportation Research Part F: Traffic Psychology and Behaviour, 56*, 344–353. https://doi.org/10.1016/j.trf.2018.05.004

Wierbos, M. J., Knoop, V. L., Hänseler, F. S., & Hoogendoorn, S. P. (2019). Capacity, capacity drop, and relation of capacity to the path width in bicycle traffic. *Transportation Research Record, 2673*(5), 693–702. https://doi.org/10.1177/0361198119840347

Wikipedia. (n.d.). Die Schöne Eiche Babenhausen. In Wikipedia. Abgerufen von https://de.wikipedia.org/wiki/Sch%C3%B6ne_Eiche_(Harreshausen) adfc Allgemeiner Deutscher Fahrrad-Club. (2020). *adfc Fahrradklima-Test 2020*. https://www.adfc.de/artikel/adfc-fahrradklima-test-2020-2

Wild, K., & Woodward, A. (2019). Why are cyclists the happiest commuters? Health, pleasure and the e-bike. *Journal of Transport & Health, 14*, 100569. https://doi.org/10.1016/j.jth.2019.05.008

Wu, C., Yao, L., & Zhang, K. (2012). The red-light running behavior of electric bike riders and cyclists at urban intersections in China: An observational study. *Accident Analysis and Prevention, 49*, 186–192. https://doi.org/10.1016/j.aap.2011.06.001

Yang, H., Liu, X., Su, F., Cherry, C., Liu, Y., & Li, Y. (2018). Predicting e-bike users' intention to run the red light: An application and extension of the theory of planned behavior. *Transportation Research Part F: Traffic Psychology and Behaviour, 58*, 282–291. https://doi.org/10.1016/j.trf.2018.05.027

YouGov und DESTATIS (2021). Warum Deutsche keinen Fahrradhelm tragen. Zugriff am 21. Juli 2023 von https://de.statista.com/statistik/daten/studie/209034/umfrage/umfrage-zur-nutzung-von-fahrradhelmen/

GPSR Compliance

The European Union's (EU) General Product Safety Regulation (GPSR) is a set of rules that requires consumer products to be safe and our obligations to ensure this.

If you have any concerns about our products, you can contact us on

ProductSafety@springernature.com

In case Publisher is established outside the EU, the EU authorized representative is:

Springer Nature Customer Service Center GmbH
Europaplatz 3
69115 Heidelberg, Germany